La Felicidad En pareja

Cómo lograr la felicidad en pareja

Sin perder tu identidad

Ángel Campelo Campelo

Religioso de las Escuelas Pías

En Colaboración con:

Omar Pedroza Castro

Editor
Omar Pedroza Castro
www.omarpedroza.com

Diagramación y Diseño de Portada
Omar Pedroza Castro

Copyright © 2014 Ángel Campelo Campelo y Omar Pedroza Castro

Reservados todos los derechos. Prohibida la reproducción total o parcial de este libro por cualquier medio, sin permiso del Editor.

Primera edición: Febrero de 2014
ISBN: 978-958-46-3920-2

Publicado inicialmente en Amazon.com
Distribuido en América Latina por:
Fundación Educativa Calasanz
http://www.fundecalasanz.org.co

Ángel Campelo Campelo con Omar Pedroza

Dedicado a todas las personas que quieren vivir en felicidad y hacer partícipes de su felicidad a los demás.

Prefacio

Desde muy temprana edad recuerdo que algunas veces resultaba ser un chico molesto debido a la cantidad de preguntas que les hacía a las personas mayores, casi siempre obtenía una respuesta similar a ésta, "pelao cuando crezcas lo vas a entender", entonces uno va creciendo haciéndose adulto adquiriendo experiencias, pero en mi caso las preguntas no dejaban de aparecer. Por mucho tiempo me sumergí en el hacer, en el estudiar (grabar datos en mi memoria), en el trabajar por más de 12 horas al día, pero al llegar a los cuarenta años de edad y volver la vista atrás y ver que mucho de lo planeado se había logrado, entre ellas esa meta de viajar por el mundo luego de fijarla en la adolescencia donde vivía en un lugar con escasas condiciones económicas, deja una gran satisfacción, sin embargo ese sin número de preguntas sobre el por qué de la vida, por qué la desigualdad social, el por qué del tipo de educación que recibimos y sobre todo una pregunta reiterativa, por qué se separan las parejas luego de haber tomado la decisión de convivir y hacer un proyecto de vida juntos?, cuánto afecta esto la economía de un hogar y de un país?, muchas veces mi respuesta rápida era, pues si no se entienden lo mejor es que se separen y así todos contentos y en muchos casos se ve que esa es una buena salida, sin embargo en muchos otros no.
Es por ello que sin ser psicólogo, sino ingeniero me he dado a la tarea de buscar algunas respuestas. Es posible que no exista una sola respuesta al cómo vivir feliz en pareja, pero algo sí es seguro luego de revisar cómo acometer este emprendimiento y es que llegué a la conclusión que debía buscar no tanto las estadísticas de divorcios y

problemas de matrimonios, sino buscar a alguien que pudiera mostrarme en palabras sencillas y ejemplos prácticos cómo construir una vida en pareja y "no morir en el intento". Para ello desarrollé una serie de charlas y entrevistas con el padre Ángel Campelo, quien tiene una maestría y doctorado en temas educativos y más de 40 años como escolapio y orientador calasancio, y quien ha visto y orientado varias generaciones de parejas.

Hablamos sobre cómo construir unas bases sólidas para desarrollar una pareja, sea ésta del tipo que sea, o sus inclinaciones sexuales, pues pareja es pareja y para constituirla supone un trabajo en serio. Todo ello me ha dado algunas luces y guia sobre las muchas decisiones poco acertadas en mi relación de pareja y de cómo reencaminarlas. No les puedo decir que es fácil hacer lo que el padre Ángel Campelo expone, ni deseamos que sea tomado como una verdad absoluta, sólo deseamos con este trabajo aportar un poco en el esclarecimiento y formación de parejas estables, armoniosas, felices y económicamente prósperas, donde los hijos nazcan en una tierra fecunda y propicia para crecer y formar nuevas familias que hagan de este mundo un lugar más equitativo para todos.

Espero con este trabajo hacer honor y conservar el legado del Padre Ángel Campelo quien durante toda su vida ha trabajado por la niñez, la juventud y la familia.

Omar Pedroza

Indice

Agradecimientos viii

Introducción ix

Capítulo 1. **Primeros pasos al iniciar la Relación en Pareja**.... 2

Capítulo 2. **Actitudes psicológicas que entorpecen la relación de la pareja** 7
La Dependencia Afectiva 7
La Indiferencia del Yo ante el Tú y viceversa 8
Utilización del Otro por el Yo 9
Proyección del Yo en el Tú 10
Rivalidad entre el Yo y el Tú 12

Capítulo 3. **El Nosotros** 15
Actitudes psicológicas para llegar a vivir un Nosotros 17
La Reciprocidad 17
Dinamismo 17
La Comunión 18

Capítulo 4. Tipos de Parejas 23
Pareja abierta 24
Pareja Cerrada 25
Pareja cargada de Racionalidad 26
Parejas cargadas de Emotividad 27

Parejas con un alto nivel erótico 29
Parejas Exclusivamente Afectivas 30
Parejas que no arriesgan nada 31
Parejas Deprimidas 31
Parejas Peleadoras 31

CAPITULO 5. La Familia 34
No explotarás ni manipularás, ni marginarás a ninguno de los que conviven contigo 36

Lucharás para que tu familia sea una comunidad de amor y de personalización 39

Una persona no amada, no sabrá amar 39
Comunidad de amor 40
El compartir y el participar son verbos regulares a conjugar en tu entorno familiar 41

El participar 42

Capítulo 6. **La Educación de Los Hijos** 45
Si un niño vive amado, aprenderá a amar y a amarse 45
El amor y la protección al niño deben ser incondicionales 45
El niño debe saber además que se le quiere aun cuando se le regaña 46

Si un niño vive cuidado, aprenderá a cuidar y a cuidarse 46
Si un niño vive acogido aprenderá a acoger 47
Si un niño vive educado aprenderá a educar y a educarse 49
Si un niño vive en la justicia en su casa por parte de sus padres aprenderá a ser justo consigo mismo y con los demás ....
50

Capítulo 7. **Condiciones para Amar** 52
Para amar hay que estar en paz con uno mismo 54
Para amar hay que vivir intensamente en felicidad 54
Para amar hay que estar alegre 55
Para amar hay que crecer en personalidad 56
Para amar se necesita una personalidad madura 57
Para amar hay que considerar a las personas como personas 57
Para amar hay que estar llenos y no vacíos 58

Para amar hay que enriquecer ese interior	59
Para amar hay que seguir enriqueciendo ese interior continuamente	59
Para amar hay que amar intensamente a Dios	60
CAPITULO 8. **La Ternura**	62
CAPITULO 9. **El Noviazgo**	69
La Atracción Física	70
El Conocimiento Superficial	73
EL Conocimiento Profundo	84
EL Canjeo de Soledades	84
EL Amor Maduro	85
Acerca de los Autores	87

Agradecimientos

Agradezco a tantos niños y jóvenes, a tantos esposos y esposas que han tenido la paciencia y generosidad de escucharme personalmente en entrevistas o en charlas orientadoras sobre este vivir en familia y que me han animado a que alguna vez escribiera todo lo que he expuesto en este libro.

Con cariño, Ángel Campelo Campelo.

Introducción

Este libro va dirigido a aquellos que están viviendo en pareja o desean constituir una relación estable y duradera, a todos aquellos que buscan conocerse un poco más a sí mismos y observar cómo nuestro comportamiento con las personas que amamos pudo haber sido influido o programado por lo que hayamos vivido durante nuestra infancia y adolescencia, que nos veamos a nosotros mismos para buscar, comprender y mejorar aquellos comportamientos bruscos, irrespetuosos e intolerantes que tenemos con nuestra pareja y que luego transmitiremos a nuestros hijos y así continuaría siendo una cadena de sufrimiento que pareciera no tener fin.

Empezaremos repasando los primeros pasos al iniciar una relación de pareja, ese momento intenso donde no escuchamos, no vemos, esa etapa inicial donde en unas personas más que en otras pareciera que todo pensamiento, razonamiento o acción estuviera fijado y dirigido por o hacia esa persona que acabamos de conocer y de quien consideramos lo máximo aun cuando sepamos muy poco de ella.

Luego veremos algunas actitudes psicológicas que afectan la relación en pareja, entre ellas esa sensación de no poder vivir sin el otro, donde necesita su presencia física para no entrar en depresión, esa actitud psicológica de dependencia afectiva.

Adicionalmente también está la indiferencia entre los miembros de la pareja, ese olvidarse del otro, ese hecho de pensar que la pareja siempre estará ahí. También veremos esa actitud de manipulación y control que un miembro de la pareja ejerce sobre la otra, como el creerse dueño de la verdad, el creer que lo que nosotros hacemos es la forma correcta como se deben hacer las cosas y lo que la pareja piense está en segundo plano y una última actitud psicológica y no menos importante es la rivalidad entre el tú y el yo.

En el capítulo tres veremos la importancia de constituir "un nosotros", evitando aquella expresión de que ella o él es "mi media naranja" y comprendamos que al constituir "un nosotros", no dejamos de ser personas únicas, que no nos convertimos en la mitad del otro, sino que nos fusionamos para formar un todo, "un nosotros" que será mayor que la suma de las partes sin perder la identidad personal.

Daremos un recorrido por los tipos de parejas, organizadas con un enfoque psicológico, mas no por su inclinación sexual, religiosa o social y en esta sección se plantea la inquietud a cada uno para que reflexionemos con qué tipo de pareja estaríamos más identificados.

En el capítulo quinto entraremos a ver la Familia y cómo ésta impacta en lo que a futuro serán las nuevas parejas y cómo la salud psicológica de la futura familia empieza con la conformación de bases sólidas como pareja y viceversa. Esta inter-relación entre el proceso de búsqueda, conocimiento y elección de la pareja impactará en gran medida en la futura unidad familiar y en las siguientes generaciones de parejas que se conformen.

Se ha dedicado un capítulo a la educación y el amor hacia los hijos, de la importancia de enseñar con el ejemplo y cómo un niño amado, educado y protegido aprenderá a amar a cuidar a proteger y protegerse así mismo, llegando a ser un hombre o mujer autónomos.

En el capítulo siete veremos algunas condiciones necesarias para un amar verdadero, esas condiciones que deben darse en nosotros, en nuestra personalidad, esa plenitud interior que nos enriquece y nos facilitan dar y recibir amor.

En el capítulo ocho se hace una pausa para ver con detalle ese sentimiento profundo que habla sobre la visión que una persona tiene sobre la vida, donde se interroga si se tiene o no la certeza, la fe de que nuestra vida encierra la capacidad de llegar a ser plenos, donde observamos cómo La Ternura es un acto de fe en la vida, cómo una persona tierna considera la vida como una riqueza interior que Dios le ha dado, este sentimiento profundo y que muchas veces ocultamos, criticamos o apagamos, pues es considerado como un gesto de debilidad cuando en realidad es todo lo contrario.

En el capítulo nueve encontraremos el Noviazgo, esa importante y hermosa primera etapa en la formación de una pareja, esa etapa que mostrará mucho el cómo fuimos educados, amados y respetados en la familia. Esa etapa en la formación de pareja que muchos consideran sin importancia, poco relevante y que muchas veces es pasada por alto por considerarse como superficial, sin darnos cuenta del grado de importancia que tiene y de los pasos básicos que se deberían dar para alcanzar una relación madura que permita la formación de una pareja estable, estructurada en "un nosotros" y así llegar a construir una familia, un hogar feliz, fecundo y próspero y finalmente se pueda decir Soy Feliz con mi pareja sin perder mi identidad.

"La persona amada debe responder por la otra a quien ama, por todas sus necesidades expresadas o no."

Erich Fromm

Capítulo 1

Primeros pasos al iniciar la Relación en Pareja.

Vamos a comenzar con la relación de pareja. Relación es ponerse una persona enfrente de la otra y expresar en sí todo lo que en sí lleva de: emociones, sentimientos, ideas e ideología y que la expresará, lógicamente, con la palabra.

Me voy a circunscribir solamente a las relaciones de pareja, no a las relaciones interpersonales que hoy en todo ámbito se tratan, tales como fábricas, colegios, escuelas y demás instituciones, las cuales merece que se traten para mejorar las relaciones entre las personas. Es bien observado que si no hay relaciones interpersonales parece ser que todo el mundo vive apagado sin ganas de trabajar, se siente como minusvalorado. Hoy existen muchas técnicas de relaciones interpersonales. Solamente me voy a limitar a ésta, la relación de la pareja, esas dos personas hombre y mujer o las distintas parejas que existen, sean de cualquier género y que quieren llegar a que esa relación realmente sea personalizante, madura y equilibrada.

La condición para que haya relación de pareja es la sinceridad, ese quitarse las máscaras. Porque fíjense ustedes, en los tiempos en que están de conquista, en el noviazgo por ejemplo o cuando comienza la relación, las personas se ponen bastantes máscaras, ¿por qué? Porque lo que en ese primer momento funciona y lo trataremos en otro momento hablando del noviazgo, es la atracción física, esa atracción física solamente se mantiene no en lo interno, no en lo espiritual, no en lo psicológico sino en el cuerpo. Para no perder esta atracción física o no perder esa relación que se fundamenta solamente en lo físico, las personas recurren a muchas "mañas". ¿Por qué?

Porque tienen miedo, un miedo grande a que esa persona me conozca y exista algún día que me diga, "bueno, hasta aquí hemos llegado" y eso produce tal susto, tal angustia, tal preocupación, sobre todo en los adolescentes, que realmente aparecen las máscaras.

Lo primero que hay que quitar para que esta relación de pareja se dé, son las máscaras. Ponerse uno enfrente del otro con todo lo que es, qué piensa, qué desea, qué horizontes tiene, qué metas, qué posibilidades internas, inclusive de llegar a empatar, en el sentido de la empatía, no antipatía ni simpatía, sino la empatía que da a esas personas la posibilidad de vivir el uno dentro de la otra o la otra dentro del uno.

Las primeras condiciones son:

- ✓ Quitarse las máscaras
- ✓ Llegar a un conocimiento profundo

Es cierto que a una persona no se le puede conocer profundamente, inclusive si nosotros mismos nos miramos en lo interior, encontramos bastantes dificultades en el conocernos. Algunas veces les he puesto a los matrimonios una sencilla técnica.

"Cuando vayan a su casa esta noche, tomen un papel y un lapicero y escriban 20 cualidades de esa persona con la cual ustedes viven". Hay algunas personas que suelen decir, "si fueran defectos", pero no se trata solamente de mirar los defectos, eso sería una catástrofe para una relación de pareja. Hagan este ejercicio y comprobarán que es bastante difícil encontrar esas cualidades en las personas.

CUALIDADES DE MI PAREJA	
1	
2	
3	
4	
5	

6	
7	
8	
9	
10	
11	
12	
13	
14	
15	
16	
17	
18	
19	
20	

Recuerdo un caso de un matrimonio, sin decir el país de donde provienen, que tenían ciertas dificultades después de 35 años de convivir, entonces le dije al esposo, "oiga, ¿podría decirme 20 cualidades de su esposa? Se volvió hacia ella, la miró con cierta sorpresa y después de un rato y en silencio me dijo, "ninguna". Esto es como para echarse a llorar. Lógico, dos personas que ya han vivido 35 años juntas y llegue el esposo a esa conclusión que su esposa no tiene ninguna cualidad, eso es, repito, como para echarse a llorar. Después de quitarse esas máscaras, y siendo un poquito reiterativo en ese sentido, ¿qué ha de hacer la pareja para llegar al conocimiento profundo, de tal manera que sepan y que cada uno sepa compensar todas esas necesidades expresadas o no?

Como dice Eric Fromm en el Arte de Amar,

> " La persona amada debe responder por la otra a quien ama, por todas sus necesidades expresadas o no."

Muchas veces nosotros mismos tenemos necesidades que no sabemos expresar, pero esa persona a la cual la conoce la otra, y conoce a la otra, debe responder francamente así por todas esas necesidades no expresadas.
Es un camino largo esto del conocimiento de la otra persona y creo que muchas parejas comienzan a convivir con un conocimiento superficial. ¿Qué podemos saber? Conocen si es alto, bajo, que tiene capacidades intelectuales, pues sí, y seguramente sabe dónde trabaja. Pero si tiene capacidad de trabajar, es constante, tiene voluntad, es activo, no es perezoso, etc. no lo saben. Hay un camino muy claro cuando se comienza esta senda del conocimiento profundo: la otra persona, la persona a la que hay que conocer debe abrir todas sus ventanas, todas sus claraboyas, debe abrir de par en par todas sus puertas para que el otro entre y conozca. Y hay que responder a todas las preguntas que se le pueden hacer, de todo tipo.
Resumiendo: quitarse las máscaras y llegar al conocimiento profundo. De verdad y de verdad les digo que este es un camino largo, pero muy satisfactorio. Porque desde el momento en que los dos se conocen, comienza esa relación armoniosa, fecunda, feliz, pacífica, gozosa y sosegada. Si yo conozco a esa persona, siempre admitiré sus fallos, si yo conozco realmente a esa persona desde su interioridad, esa interioridad que me ha manifestado ella, yo seré muy compasivo y muy comprensivo. Fíjense que muchas veces las discusiones y a veces hasta con violencia física es por no conocer a la otra persona. Me enfadé, ¿por qué?, porque la otra persona hizo tal cosa, pero si realmente yo la conozco, yo sé por qué ha actuado así no me voy a poner de una forma agresiva ni frenética, con insultos, y como decía anteriormente, con violencia física. Si miramos el origen de la violencia física, o de cualquier violencia, psicológica, gestual, verbal, en el fondo está el no conocer a esa persona, no la conozco y todo me extraña y como yo soy muy parcial, muy vertical no acepto que alguien tenga o diga algo en contra mía.

*Hay que ser servidor de todos,
Pero esclavo de nadie.*

Ángel Campelo

Capítulo 2

Actitudes psicológicas que entorpecen La relación de pareja.

➢ La Dependencia Afectiva

Una actitud psicológica que empaña la relación de la pareja es la dependencia afectiva, sintetizando se podría definir como ese no poder vivir sin la otra persona y se necesita inclusive su presencia física para no estar triste, para no llegar a una depresión. Se da sobre todo en los primeros momentos del enamoramiento
Se escucha muchas veces a los adolescentes y a muchas personas la forma de chantajear la una a la otra o la otra al uno, "si me dejas me mato". Algunas veces les contesto, "pues que se mate, qué le vamos a hacer". Porque eso no arregla nada. Son personas tan dependientes que si no sienten que la otra persona está con ellos, se frustran, pero imagínense qué vida le dan. Y sí, ha habido algún caso que sí se ha matado. Esta situación puede causar culpabilidad en las personas y que les duela, pero no debe dejarse arrastrar por ese sentimiento de culpa, ya que cada uno es responsable de sus actos. Esta frase "que me mato" está cargada de una manipulación manifiesta a la cual nadie debe someterse.
Hay que decir que el suicidio no es algo así de repente, sino que es una tragedia que se va masticando durante mucho tiempo y que llegan a la autoeliminación, pero en la gran mayoría de los casos eso

no se da, entonces la otra persona vive también asustada, "mira que si por mi causa se suicida ¿qué hago?" Pues nada, esto lo debo decir muy claro, porque son personas totalmente inmaduras que por sí mismas no tienen una vida personal, dependen del otro. Y esto tanto para las personas dependientes como independientes. Es una tragedia, y por supuesto a sus hijos no los van a educar en una madurez afectiva. Porque las personas dependientes recurren al chantaje de sus hijos "si no me quieres o si no me haces esto, yo no te quiero, o si te portas mal no te vuelvo a hablar", son frases que a los niños les perjudica totalmente.

Las dos formas más extrema ya patológicas de esta dependencia afectiva son: el sadismo y el masoquismo, pero es otro tema que trataremos posteriormente, sin embargo existe en muchos matrimonios, y no solamente en lo genital, porque muchas veces estas dos referencias patológicas se hacen solamente a lo genital, pueden ser personas en éste sentido maduras, y que llevan una dependencia afectiva masoquista o sadista del otro, es una amargura continua.

➤ La Indiferencia del Yo ante el Tú y viceversa.

Existe otra forma que afecta la relación de pareja, que titularé, la indiferencia del yo ante el tú y viceversa.

Cuando hablo a los matrimonios, les digo que a mí me llama mucho la atención, y esto no lo critico ni mucho menos, que cuando alguien llega al trabajo, a la oficina, empieza a dar besos a todo el mundo, a las secretarias. Apretones de manos a todos los que se encuentran, inclusive, y eso está genial, al guardia que está en la puerta. Pero yo les pregunto, cuando saliste de tu casa esta mañana, "¿qué hiciste?" ¿te acercarse a esa otra persona a quien dices que amas, para desearle un buen día, desearle un buen trabajo, desearle no sé cuántas cosas más?". Yo lo veo con los alumnos, que ahora está muy de moda que los de un mismo curso se encuentran por la mañana y se saludan con un beso, y eso está muy bien, pero les digo, "esta mañana, al salir de tu casa ¿has dado un beso de despedida a tu papá, o a tu mamá? o ¿has mirado con más alegría a ese perrito y le has dicho Chao, Chao, y no a tu papá o mamá?". Esta forma de actuar perturba totalmente la relación de pareja. Cuando esa persona a la cual yo digo que amo me es indiferente, eso es atropellarla, eso es como decíamos antes, tratarla como un objeto y ni me importa.

Por ejemplo, cuando se llega a casa por la noche, o al mediodía a almorzar o a descansar, ¿hay ese encuentro, amoroso, qué tal te ha ido, qué problemas has tenido? Hay algunos papás que llegan como "el tigre", casos donde la mamá le dice a los niños quedaos quietos que ha llegado tu papá, qué imagen se está dando de "papá". Hay padres que ni saludan a los hijos, ni se preocupan de nada, sino que simplemente llega "el tigre", al cual hay que servir, hay que ajonjolear, y además de buenas maneras, y que la comida esté bien preparada, además a tiempo, etc., etc. Esa indiferencia como decimos, es matante. ¿Qué es lo que tiene que hacer la persona para evitar todo esto? Hay que desterrarla y hay que salir de uno mismo si es que se ama para preguntar a esa persona a la que se ama, como había ido el día, por lo menos el saludo. El saludar "buenos días, buenas tardes", es salir de mí mismo y entrar en la otra persona, en el alma de la otra persona, en el corazón de la otra persona y desearle que la bondad, bondad viene precisamente de la palabra bonus, bona, bonum, del latín que significa el bien, lo bueno, que la bondad de Dios y que la bondad mía habite en el otro. Contra esta indiferencia hay que luchar mucho viviendo en actitud de ternura.

Unas breves palabras sobre este término, pues se cree que la ternura es un sentimiento blando que los machistas, los machos no van a rebajarse a dar un beso a la esposa, a los hijos. La ternura y la manifestación de mi bondad, esa bondad que yo llevo en el alma y que se la entrego a los otros. Por supuesto que la indiferencia es anonimato, y a nosotros no nos gusta nunca vivir en el anonimato.

Esa indiferencia debe desaparecer porque de lo contrario la relación de pareja se resquebraja, se cae y llega esa famosa frase, "ya no nos amamos". Pero la pregunta es, ¿se amaron alguna vez?

➤ Utilización del Otro por el Yo.

Otro escollo que hay en la relación de pareja es "la utilización del otro por el yo".

Hay una frase que digo muchas veces a los adolescentes o a las personas con las cuales entablo una conversación,

Ángel Campelo Campelo con Omar Pedroza

"hay que ser servidor de todos,

Pero esclavo de nadie"

Servidor porque una persona potente, madura, no puede dejar de ser servidor, es decir, esa persona que sale de sí misma y ayuda, comparte, habla y hace que los demás crezcan, pero ser esclavo, imagínense qué problema. Yo sé que nuestra sociedad actual nos manda tantos avisos, tantos anuncios para que nos sometamos a cualquier cosa de las más inverosímiles y nos hacemos esclavos de una marca de pasta de dientes, de una moda, de un deporte. Y que somos capaces de dar la vida por eso. Y si no es esa marca yo nunca me pondré la ropa. Debemos llegar a ser servidor de todos sin ser esclavo de nadie y lo que pasa es que en muchas ocasiones un miembro de la pareja pasa a ser esclavo de la otra.

Esta disposición, si hay esa dependencia afectiva, hasta le agrada ser esclavo de la otra persona. Esas personas no se conocen como persona, como alguien, como sujetos, sino como objetos. Esa persona que esclaviza, intenta sacar todo el provecho del otro. Cuando algunas veces escucho, "tengo esposa" eso me sabe a comerciar. "Tengo…" esa palabra de tener, a mí y a muchas personas les sabe a acumular y viven en la miseria, se han vuelto tan avaros que no gozan y llegan a tal extremo de "tengo" esposa y no sería mucho mejor decir somos esposos, "mi esposa es posesión". Tenemos que aceptar que en un país machista la posesión del esposo a la esposa es un hecho manifestado en los celos en que la mujer está sometida al esposo, inclusive tiene frases como, "mi patrón, mi esposo no me dio permiso, mi patrón no me deja," son expresiones que se escuchan con demasiada frecuencia.

En una relación afectiva de pareja nunca debe existir la posesión del Yo por el Tú, puesto que cada uno es libre, cada uno es auténticamente libre y nadie tiene derecho a que se le someta o se le esclavice y si yo amo es gratuitamente y si yo doy es gratuitamente.

La persona madura nunca dejará de amar, pero es libre de verdad en el servicio.

> **Proyección del Yo en el Tú.**

Sigo, con estas actitudes psicológicas que entorpecen mucho, mucho, mucho la relación de la pareja.

Otra actitud es la proyección del yo en el tú. Partimos de un supuesto psicológico: todas las personas pensamos que lo que hacemos cada uno es lo mejor, y quisiéramos que todas las personas hicieran todo lo que nosotros hacemos. Si por ejemplo a nosotros no nos cuesta levantarnos por la mañana de la cama, quisiéramos que todos en la casa hicieran lo mismo, pero sería un problema porque llegaríamos todos al baño al mismo tiempo. Y así podríamos poner multitud de casos. Otro ejemplo, si al esposo le gusta el pan, que le guste, y si a la esposa no le gusta, pues no tiene obligación de comerlo. Si los hijos son desordenados, y fíjense que se cometen muchos errores porque los niños de dos, tres o cuatro años son desordenados ya que todavía no tienen la capacidad organizativa mental de que todas las cosas estén bien hechas, muy bien hechas, hay que educarlos, pero no con la intransigencia de adultos.

Qué es lo que pasa con esa proyección del yo en el tú. Cada uno de la pareja, cada miembro de la pareja quiere proyectar todo lo que él hace en que la otra persona haga lo que él quiere que haga, como él lo dice. Por ejemplo, si tuvo una mamá muy perfeccionista quiere que la esposa sea también perfeccionista y que haga referencia siempre en su hacer, en su pensar, en su actuar a lo de la madre. Ustedes saben que nosotros asimilamos los roles de los papás a muy temprana edad, pero las personas perfeccionistas, rígidas, tienden a esta proyección del yo en el tú que son inseguras por otra parte, porque ellos no han sabido después tomar caminos autónomos.

Esta proyección tiene unas consecuencias perniciosas, profundas en la relación de pareja, pues la libertad de cada uno se minusvalora y muchas veces hasta desaparece, entonces ¡ojo! con esa proyección, es decir con eso que yo pienso proyectarlo para que todos los que "dependen" de mí hagan lo que yo quiero que hagan y resalto entre comillas dependen de mí. Nadie depende de nadie, pero para decirlo de alguna forma, hagan lo que yo quiero que hagan. Por ejemplo muchas veces la pareja tiene una personalidad fuerte, tiene un sentido de la libertad muy profundo, puede llegar un día en que haga un "pare" y se va, se rompe esa relación de pareja.

Conclusión: cada uno debe vivir y proyectarse en su actuar tal y como es. Debe existir un respeto mutuo. Y apoyando todas las cualidades, todas las potencialidades de la otra persona, sin querer imponer los míos, lo que yo pienso por encima de todo.

➢ Rivalidad entre el Yo y el Tú.

Otro esquema que muy es importante a tener en cuenta en la relación pareja es la rivalidad entre el yo y el tú, es ponernos de jueces, es ponernos inclusive de testigos y sobre todo de abogados, pero de las causas perdidas.

Es mucha la cantidad de situaciones problemáticas que se forman entre la pareja, en el hogar por esta rivalidad entre el yo y el tú. Es decir, es la rivalidad y la competencia entre dos personas que aspiran a una misma cosa, en fin de cuentas dominarse una a la otra y llegan a la enemistad, que es lo contrario del amor y la amistad. Aparecerán discusiones por cualquier cosa, "no me gusta", entonces empieza la discusión, "por qué has hecho esto", empieza la discusión, "es que no tenías que haber dicho esto", ya empieza la discusión y esto pareciera más unos rounds sucesivos de boxeo que en vez de un convivir pacífica y amistosamente. Hay algunas veces que los niños, los adolescentes me dicen "padre, en mi casa no hay un momento de tranquilidad, por cualquier cosa, mi papá se…" "o por cualquier motivo mi mamá se…" o con los hijos o entre la pareja. Y esto imagínense qué es vivir ahí, en esa casa. Hay algunas veces que inclusive los amigos a mí me han dicho "yo no voy a esa casa de mi amiga porque entrar ahí es meterse en el infierno, es meterse en un ambiente de agresividad" y lo que decía al principio está muy claro, cada uno de nosotros cree tener siempre la razón y no es cierto.

No sé si conocen ustedes una técnica de un dibujo donde aparece una imagen de una señora. Yo lo he aplicado a matrimonios, profesores y profesoras, donde se consulta cuántos años puede tener la señora de la imagen. Cuando muestro el dibujo de repente alguien dice "tiene 80 años" y la persona anterior que había dicho 20 lo mira extrañado y así sucesivamente se van escribiendo en el tablero la cantidad de años que le pone cada uno de los que participan en la técnica a la señora de la imagen. Yo escojo los dos extremos, el que más edad ha dicho y el que menos, entonces le digo, "demuéstrale que tiene 80 años o demuéstrale que tiene 20 años" y comienzan las discusiones... Recuerdo un caso de un señor, cuyo nombre no lo voy a decir ahora, pero lo tengo muy presente, que dijo "yo no cambio aunque me maten", cuando se dio cuenta que a la misma imagen se le podía dar una edad de 20 como de 80 años, él suspiró, pudo ver esas diferencias. Es lo que pasa en el matrimonio, se cierra cada uno en banda y no admite razones por las cuales tenga que cambiar. "yo no cambio, yo esto lo veo claro como el agua o claro como el cielo azul" y entonces ahí empieza la rivalidad. Francamente esto perturba mucho y una persona que viva, o dos personas que vivan en ese ambiente de total agresividad, inclusive puede llegar hasta la violencia física, eso se termina. Porque repito, lo que decía al principio, el Señor nos ha creado para ser felices, ustedes o las personas que viven en pareja, precisamente buscaron a esa persona con la cual creyeron que podían vivir en felicidad. Haciendo felices, esto no se puede decir a los demás pero sí que aumento yo mi felicidad pues viviendo con la otra y formando un nosotros, que es el tema que trataremos en el capítulo siguiente.

Todos estos temas los pueden ampliar en un libro que me sirvió de bibliografía cuando realicé la tesis de la maestría "La cultura del Amor, La Sexualidad y La Genitalidad", cuyo autor es Antonio Hortelano, titulado: Moral de bolsillo" editado en 1989, ediciones Sígueme.

Ángel Campelo Campelo con Omar Pedroza

El yo y el tú sin perder su identidad personal forman un nosotros y al formar un nosotros, son dos, y se evapora la soledad, que es la gran tragedia de las personas en nuestra sociedad actual.

Ángel Campelo

Capítulo 3

El Nosotros

Hemos llegado a una etapa crucial en la relación de pareja que es, el conocimiento profundo. Decía anteriormente que es muy difícil llegar a conocer a una persona y si no ustedes hagan la prueba en casa. Soy reiterativo en este tema, porque es crucial. Tomen un papel y un lapicero, pongan todas las cualidades que ven en esa persona con la que conviven. Quiera Dios que ustedes no hayan estado tan ciegos que contesten como aquel señor, que les decía en un ejemplo anterior, "ninguna" después de haber convivido 35 años. Les voy a hacer una consideración. Ustedes no pueden empezar con los tópicos que siempre se dicen, la persona es sincera, alegre, detallista, y amigable. Esas cuatro las ponen después de haber puesto 50. Pero francamente, no es conveniente, pues éstas cuatro cositas son las que cualquier persona dice, que esa persona es sincera, amigable, alegre y detallista. El ser detallista, que llegue el esposo con una flor, no se logra el conocimiento profundo de esta forma. Después de poner 20, 30, 40 o 50 ahí sí incluyan esas cuatro y así ya serían 54. Pero empecemos por lo más serio de la persona. Y yo les doy una pista, si es que no encuentran ninguna, qué desgracia para ustedes, cojan el diccionario y ahí aparecen las virtudes o los valores que las personas tienen, pero no se puede quedar usted ciego de cómo es esa persona, porque si no "el nosotros" no aparece, y el nosotros, después del conocimiento profundo es lo esencial, lo radical para fundamentar esa relación de pareja.

Ángel Campelo Campelo con Omar Pedroza

¿Qué es el nosotros?

El yo y el tú, lógico que sin perder su identidad personal, viven en la casa del otro, dándose amor, entregándose el uno al otro, acompañándose en todos los momentos de su vida y así nunca habrá soledad en el Yo y en el Tú.

El yo y el tú sin perder su identidad personal forman un nosotros y al formar un nosotros, son dos, y se evapora la soledad, que es la gran tragedia de las personas en nuestra sociedad actual.

Yo creo que la mayor tragedia que nosotros tenemos hoy en día es la soledad en la que viven multitud, miles y millones de personas. Es más, cuando ustedes se casaron o empezaron a vivir en pareja, realmente ¿por qué lo hacían? Por vivir juntos, formar un nosotros, con lo cual desaparecería esa soledad. Eric Fromm en su libro "El Arte de Amar", (les invito a que lean este libro), explica muy bien toda esta cuestión de la separatidad con la que nosotros nacemos. Porque somos los únicos seres que estamos separados de la naturaleza, los animales nunca jamás se sentirán solos porque están tan inmiscuidos, tan imbuidos, tan fusionados con la misma naturaleza que por supuesto no se sienten solos, no se sienten únicos. Precisamente nosotros somos únicos, y cada uno de nosotros tiene que sentirse único en la naturaleza y no dependiendo de la naturaleza. Esta soledad, repito, es lo que más hace sufrir a las personas. Les haría esta pregunta. Usted fue a vivir con esa persona, ya sea por matrimonio eclesiástico, civil o en unión libre con alguien, ¿a partir de ese momento usted se ha sentido acompañado, acompañada por esa persona con la cual está viviendo?
Otra pregunta, si usted es capaz de responder las preguntas que se hace cuando está al final del día cuando se acuesta ¿qué preguntas le atosigan, qué preguntas se hace sobre el día, sobre el trabajo, sobre esa persona con la cual está viviendo, sobre esa persona con la cual tal vez está acostado o acostada, cuáles son las preguntas? ¿Son preguntas de soledad? o ¿son preguntas de vivir un nosotros? Si son preguntas de soledad hay un peligro de que un día sea necesaria una separación.
Repito, no se pierde la identidad y eso cada uno lo debe tener muy

claro, no porque formemos un nosotros

Actitudes psicológicas para llegar a vivir un Nosotros

Ustedes quieren formar un nosotros, por qué caminos, ¿por qué sendas deben andar para formar ese nosotros?

➢ La Reciprocidad

La primera es la reciprocidad, el Yo se abre al Tú y el Tú se abre al Yo. Esto es fundamental.
Si uno de los dos se encasilla en sí mismo no hay reciprocidad, si cada uno se convierte en un castillo cerrado donde el otro o la otra no puede entrar, no hay reciprocidad. Viene la sonrisa de uno de ellos y el otro le recibe más duro que una baldosa, pues no hay reciprocidad. Viene uno contento, comunicando, y si no hay reciprocidad comunicativa pues no hay reciprocidad. Algunas veces se escucha, "yo la quiero y tengo que conseguir que me quiera". Si la otra persona no quiere, no quiere formar un nosotros, no hay manera. Eso lo deberían haber pensado antes. Y si hay hijos y demás, pues qué problema, es el divorcio.
La reciprocidad, es esa respuesta, es ese salirme de mí mismo para encontrarme con lo que el otro me da, esa es la reciprocidad, si no hay reciprocidad, francamente no tiene futuro esa vivencia de relación en pareja. Después se convertirá tal vez en agresividad, "tú no eres lo que yo pensaba". Alguno dirá, "ya me decía mi madre que no me podía casar contigo porque mira, ella vio mucho mejor que yo como eres," etc. pues eso puede traer problemas muy, muy, muy serios.

➢ Dinamismo

Otro de los caminos por los que ustedes tienen que andar en el nosotros es el dinamismo. Nosotros no somos algo terminado, precisamente la grandeza del ser humano es que no nacemos terminados como los animales. Yo tengo una teoría, y además está justificada por el psicólogo Philipp Lersch. Ustedes lean su obra, "La Estructura de la Personalidad" y allí encontrarán un tema que normalmente no es del común de la gente, que son los instintos. Las personas no tenemos instintos, los animales sí, los animales ya nacen hechos y derechos y no pueden cambiar, por mucho que digan muchas personas que los animales tienen una inteligencia, será inteligencia animal, que aprenden, será aprendizaje animal mediante el reflejo condicionado de Pablov o de Skinner. Algunas veces cuando vamos al circo quedamos admirados de cómo esos animales hacen todo lo que el domador les ordena, el domador no el maestro, hay que distinguir muy bien domador y maestro. Pues bien es simplemente por el reflejo condicionado.

Nosotros no tenemos instintos, si tuviéramos instintos seríamos incapaces de progresar, incapaces de amar, porque de ese dicho de que el perro es el mejor amigo del hombre yo me río y lo critico muchísimo y podríamos en algún momento hablar de este tema de las mascotas.

Todo esto para decirnos que nosotros no tenemos instintos, se les llama comúnmente instintos, pero no somos cerrados, porque si fuéramos cerrados, no tendríamos la capacidad de progresar, no tendríamos capacidad de amar, no tendríamos capacidad de aprender y fíjense la humanidad cómo ha avanzado, siempre está progresando.

"El nosotros" debe tener también esa circunstancia vital del dinamismo y necesita crecer constantemente. Al principio el nosotros es una semillita, que dos personas se miraron a la cara y se atrajeron físicamente, pasaron al conocimiento superficial y llegaron al conocimiento profundo pero a pesar de todo ese nosotros es una semillita, tenemos que todos los días regarla y hacerla crecer.

El yo da al tú y el tú dona al yo, pero diariamente. Y a medida que esta donación crezca, se desarrolla, aunque sea con sacrificio, el nosotros aparecerá más nítido y lleno de vida, capaz de dar vida al Yo y al Tú.

➢ La Comunión

Finalmente hay otra condición para este nosotros y es "La Comunión". No la debemos entender desde el sentido católico a la cual haré una referencia al final de que los católicos comulgamos el cuerpo y la sangre de Cristo, no. Es de tipo psicológico, de tipo espiritual, pues muchas veces lo psicológico tiene unos tintes espirituales pero me refiero a esa comunión entre los miembros de la pareja. Yo creo que ustedes habrán tenido unas experiencias únicas como miembros de esa pareja, por ejemplo escuchando la música aquella que tal vez la escucharon la primera vez que se conocieron, viendo un paisaje, van ustedes en el carro y ven un paisaje bonito y parece como que nace un sentimiento en su alma, como que se quiere tomar la mano del otro para darle todo ese sentimiento que yo tengo y se dice, "mira ese paisaje, a mí me emociona, yo me siento así como volando", esa es la comunión entre la pareja. Les comparto una referencia de un sociólogo Emile Durkeim (1858 – 1917), donde hablaba de la primera y segunda realidad. La primera realidad es ésta que tenemos de ganar, del vender, de trabajar como locos para no sé cuántos beneficios económicos, que no los critico, pero aquellas personas que sólo viven en esta primera realidad son incapaces de sintonizar primero consigo mismas, sintonizar con las personas que tienen al lado y sobre todo con ese miembro de la pareja, sintonizar imposible con la naturaleza.

La segunda realidad es el entrar en nosotros mismos para admirarnos, ver los dones y talentos que tenemos y considerarnos (para los creyentes) hijos de Dios, con un futuro atemporal, no eterno ya que hemos tenido un comienzo. Atemporal en el sentido de que yo ya no dejaré de existir, viviré en la segunda realidad donde todo será plenitud. Esa es la aspiración de toda persona que vive en este mundo.

Es decir esa segunda realidad que yo creo que tendremos cuando hayamos dejado este mundo donde viviremos en eterna complacencia en el Señor y nosotros recibiremos esa plenitud suya.

Es esta segunda realidad a la que yo me refiero cuando digo esta Comunión. Hay personas que no "comulgan" con este sentido psicológico en la pareja, no les importa nada, ¿por qué?, porque los intereses son distintos pero la comunión con la otra persona me lleva a sintonizar con sus intereses, con sus metas, con sus deseos, con sus ilusiones, con todo lo que es la otra persona y lógico que son distintos de los míos, pues imagínense que en todo piensen igual, no habría crecimiento mutuo.

Tengo que hacer cambiar a otra persona con verdadero sentido de respeto y potenciar todo lo que ella es, la comunión exige la donación

total y para siempre del yo y el tú, no como consecuencia de una presión externa, por ejemplo un matrimonio civil, o un matrimonio eclesiástico. Haré una pequeña referencia a la unión libre que sí afecta esta comunión, es decir estas dos personas no viven juntas porque les obligan, como los casados por la Iglesia, esto es ya para siempre, no.
Hay una cosa muy clara, se hacen las cosas porque se quiere. Siempre que las cosas se plantean desde "el no puedo porque no quiero" uno vive feliz y es distinto al "no quiero porque no puedo", porque hay una ley. Un matrimonio que ya lleva 15 años de casados y que de repente tienen una locura, que uno de ellos se enamora de otra persona, "¿qué es lo que tiene que mantener ese matrimonio?", puede ir con esa persona pero no quiere, no es porque no pueda porque tengo un matrimonio eclesiástico o civil, aunque civil es un poco más fácil el divorcio, pero eso es extra mío, está fuera de mí, pero si yo desde mi interioridad, desde mi voluntad, desde mi libertad no quiero, no porque no pueda, sino no puedo porque no quiero. Repitamos esto para que quede un poco más claro y vamos a dejarlo en negritas.

No puedo porque no quiero
en lugar de
no quiero porque no puedo.

Es decir esas dos personas no viven para siempre porque tengan un matrimonio eclesiástico, no me refiero a eso, sino que desde la interioridad viven tan intensamente esa comunión del uno con el otro que nunca se romperá.
Voy a hacer una aclaración, hay personas que son incapaces de tomar un compromiso ya sea civil o eclesiástico y viven en unión libre, pues psicológicamente hay que decir una cosa, estas personas que viven en unión libre se están como cubriendo las espaldas, no hay verdadera comunión, no hay verdadera entrega, y si alguna persona de las que está leyendo vive en unión libre les recomiendo que se analice interiormente, es cubrirse las espaldas para que en el momento que esto a mí no me convenga "tú por aquí y yo por allá y chao, chao", nos repartimos lo que tengamos. Y saben ustedes que ya algunas veces se cubren las espaldas haciendo separación de bienes, para que todo lo que yo consiga le tenga que dar a la otra persona lo mínimo y que se vaya contenta y además hemos estado viviendo 12, 13 o 14 años. Entonces la unión libre es cubrirse las espaldas, es decir, si en

algún momento, repito, no me interesa entonces cada uno toma su parte legalmente, pero no esa comunión de bienes. La comunión no existe entre esas dos personas, puede haber diálogo, comunicación que se lo pasen bien en fiestas, etc. inclusive que puedan tener hijos, pero queda siempre esa salvaguarda o ese "pase" por los momentos difíciles que si no nos conviene, que si se ve que la cosa va mal, dejan de convivir.

Yo no sé si esto será tesis psicológica o hipótesis, pero yo le recomiendo a las personas que viven en unión libre que si pueden dar ese paso hacia la comunión entre ellas lo den.

Nosotros los católicos tenemos el extraordinario ejemplo de lo que es la comunión. Jesús en la última cena quiso quedarse en comunión íntima con nosotros dándonos todo, hasta su cuerpo y su sangre, este es el ejemplo que como católico, como creyente que más nos dice lo que puede significar la comunión entre dos personas, el volcarse, el regalarse, el donarse totalmente respetando una persona a la otra como lo hizo Jesús.

Lo que impide a una pareja formar el nosotros es el maldito egoísmo arraigado tan profundamente en nuestra psicología. Hay que matarlo.

*"El corazón tiene razones
que la razón no comprende"*

Blaise Pascal

Capítulo 4

Tipos de Parejas

El tema que voy a tratar ahora está muy enlazado con el anterior que es la relación de pareja. La relación interpersonal que es muy específica entre unas personas que conviven, en un hogar, en una casa. Haciendo una disquisición bastante apropiada yo siempre distingo entre hogar y casa. Algunas veces se dice "yo voy a mi casa" ¿No sería más apropiado decir hogar? Una casa son las paredes y todo lo que se tiene en ella, que son buenos divanes, microondas, plasma, buenos colchones, etc, esa es la casa. Pero hogar tiene que llevar la connotación afectiva, la armonía en la cual viven las personas en ese hogar. Hay familias que no consideran a la casa como hogar y están siempre fuera y francamente no es ese espacio afectivo donde todos los miembros de la misma se consideran felices, se consideran alegres, gozosos y contentos y por lo tanto crecen psicológica y espiritualmente.

El libro titulado "Terapia del Amor Conyugal" del autor Albisetti Valerio, editado por Ediciones Paulinas en el año 1994, lo tendré como referencia para tratar este tema.

Hay autores que dicen que no existen matrimonios felices ni infelices, sino matrimonios que saben enfrentar en diálogo los problemas que se les presentan. Una pareja que siempre ante cualquier problema arma el alboroto, arma el lío, arma el incendio no va a ser feliz, sin embargo esa pareja que tiene esa connotación del acercamiento afectivo uno con el otro y la otra con el uno y con los hijos lógicamente, en ese hogar hay felicidad, hay entendimiento, hay miradas de afecto que llegan a lo profundo del alma.

Conozco el caso de una niña que la tuvimos que atender porque vio como el padrastro lanzó a su mamá encima de la cama y con una zapatilla le daba unos golpes tremendamente fuertes en la cabeza, ese matrimonio no arregla los problemas enfrentándolos y solucionándolos, fíjense qué trauma causa a los hijos una acción violenta y de agresividad de los papás, en este caso de la mamá y del padrastro. Qué podemos decir ¿qué tipo de pareja es ésta? Pues a medida que vayamos viendo todos los tipos de pareja lo iremos ilustrando con algunos ejemplos. Me sentiría muy complacido si cada uno de los que vayan leyendo este libro, a medida que revisemos o veamos cada uno de los tipos de parejas analice qué tipo de pareja, qué tipo de relación con su pareja lleva cada uno. Una pareja abierta, cerrada, cargada de racionalidad, cargada de emotividad, etc. así en este orden veremos alrededor de nueve tipos de parejas. En este momento sería muy provechoso si se acopian de un lapicero y un papel para que vayan tomando nota sobre estos tipos de parejas y cada uno en su interior se vaya analizando y lo vayan escribiendo.

➢ Pareja abierta

El primer tipo de pareja, es la pareja abierta. ¿Qué se quiere decir con pareja abierta? Pues abierta al diálogo, abierta a la comprensión, abierta a entender que cuando la otra persona me dice algo es importante y tengo que considerarlo importante para mí. Éste debe ser el objetivo de toda pareja, hablar y hasta discutir abiertamente pero siempre pensando que yo no lo debo hacer sólo desde mi punto de vista sino mirando qué es lo que me dice, qué es lo que me aporta y por qué me lo dice. En algunos párrafos anteriores comentaba que lo que nosotros decimos, que lo que nosotros hacemos, que lo que nosotros pensamos es lo más adecuado y realmente no dudamos, muchas veces no se duda de cuando yo hago algo que lo estoy haciendo mal sino simplemente pienso que tengo razón. La pareja entonces se enriquece, se desarrolla y hacen ese ambiente armónico de un día tras otro y tras otro y los hijos se sentirán, como para decirlo en una palabra, en un paraíso, no ven que los papás desaforadamente discutan sino que se escuchan.

Sabemos que la familia es ese pequeño reducto donde los hijos aprenden su futuro. Un niño agresivo en la escuela regularmente es que en la casa hay un ambiente de agresividad, un niño que se sonríe, que está contento, que se le ve que realmente vive, viene de una familia abierta, inclusive empezando por el saludo. Es muy curioso que hay niños que cuando los ven los profesores en el colegio o en la escuela dicen: "buenos días profe, buenos días", otros pasan casi corriendo y cuando uno les saluda parece que tienen una timidez terrible, una poquísima sociabilidad que les da vergüenza saludar. Esto significa que no viven en una pareja abierta, donde desde el saludo en la mañana hasta las buenas noches del final del día están presentes en esa pareja porque en una pareja abierta abarca todo lo que es relación, sociabilidad, entendimiento y eso es fundamental. Miren un poquito y analicen algo así como si se pusieran, no vamos a decir termómetros sino un "parejómetro" de cómo viven esta relación de pareja abierta.

> **Pareja Cerrada**

Por el contrario están las parejas cerradas, totalmente distintas a las abiertas. Tal vez las parejas cerradas provienen de un hogar donde el diálogo, la comunicación, la sonrisa a flor de labios nunca existieron o por ejemplo que si se tratan no se tratan en profundidad. La apertura hacia el otro es lógico que los hijos tienen que mamarla, ven a sus padres abiertos entonces ellos son abiertos. Tal vez estas parejas cerradas han vivido en un ambiente de aislamiento, como islas, donde nadie habla, donde nadie dice nada, si el papá está viendo la televisión y el niño se pone a jugar un poquito metiendo ruido entonces dice "niño cállate que estoy escuchando", son frases que a los niños realmente les entorpece su desarrollo de comunicación aparte de que son personas que han vivido, repito, ese ambiente cerrado. Las conversaciones entre una pareja cerrada, si es que existen, no son de comunicación, no son de expresar los afectos, los sentimientos que ellos tienen, muchas veces son comunicaciones de resentimiento, lo que yo llamo la resonancia. Las personas que son resonantes guardan todo ahí pero el día que explotan son como una olla a presión. Que cuando explotan sale todo con agresividad y terriblemente problemático. Lógico que cada uno tiene sus problemas personales, pero como no los comentan, no los comparten, allí que se arregle cada uno.

Estas parejas realmente con el tiempo fracasan, ya sea que puedan separarse o a pesar de que estén viviendo juntos llegan a odiarse, a decir "no me sirve, no quiero" y eso es gravísimo. Creo que en esos momentos la pareja tiene que proponerse el divorcio.

Cada uno de los miembros de esa familia, empezando por el papá y la mamá viven en intensa angustia, en intensa preocupación, en intenso estrés que puede acabar lógico con la salud mental de cada persona y sobre todo de sus hijos si es que los hay.

➢ Pareja cargada de Racionalidad

Otro tipo de parejas, son las parejas cargadas de racionalidad. ¿Cómo explicar esto? Pues muy sencillo. Ustedes saben que algunas personas que se sienten profesionales, que lo saben todo menos callar recurren siempre a explicar las cosas y a convencer a los otros con razones, "es que yo soy ingeniero, arquitecto, psicólogo, yo soy no sé qué otra cosa más". A cualquier situación familiar le dan un sentido de racionalidad porque yo soy más que los otros. Han desterrado de su relación la ternura, han desterrado de su relación los gestos afectivos, pareciera que les da vergüenza decirle a la otra persona "te amo, te quiero" y a sus hijos darles un abrazo y a su esposa o esposo darle un beso.

Algunas veces les pregunto a los alumnos, cuánto tiempo hace que no ven darse un beso a sus papás y algunos dicen "uuuy...", con esa extensión de mano como hasta el infinito. Son parejas racionales, repito han desterrado de su relación todo lo que es afecto, todo se mantiene en una especie como de no me toques, no hay miradas que enternezcan, no hay abrazos efusivos al llegar o salir de casa, no hay muchas veces un saludo o desde la puerta se dice chao, sin decir "que quedéis bien, que estéis bien", etc. etc. Son parejas racionales y ellos mismos y sus hijos no viven la vida familiar con alegría y satisfacción, y aquí aparecen las evasiones, el esposo tiene excesivo trabajo y nunca llega a casa temprano o por ejemplo queda con unos amigos, reteniendo o echando para atrás el tiempo de llegar a su hogar. Los sábados y los domingos una pareja racional encontrará siempre, siempre situaciones distintas para salir, "tengo que ir a no sé dónde, es que el trabajo me está atosigando, es que tengo que emplear el sábado por la mañana y el domingo por la tarde para el trabajo", ¿por qué?, porque en el hogar todo es razón y queridos amigos con la

razón no se vive.
Pascal tiene esa famosa frase que "El corazón tiene razones que la razón no comprende". Hay personas que realmente solamente manejan su vida a través de lo racional y razones abundantísimas. Es cierto que algunas veces son mentiras para justificar el no participar armoniosamente, afectivamente dentro de ese hogar, porque todos los que forman el reducto familiar tienen obligaciones de dejar esas razones y de meterse en la dinámica de la comprensión. La racionalidad mata a las personas, los vuelve como frutos secos, como un árbol seco, no hay miradas como decía antes enternecedoras, no hay ese acercamiento y muchas veces que se digan "yo te amo". Ustedes pregunten a ver cuántas veces entre la pareja se han dicho yo te amo. Es cierto que cuando comenzaron esa relación afectiva tenían una necesidad enorme de decirse "yo te amo" y de manifestárselo con gestos y abrazos, etc., etc. pero cuando ya pareciera que eso ya se fue, que nunca tiene que desaparecer, se convierten en parejas racionales, secas que nunca tienen un gesto de cariño ni de ternura hacia nadie.

➢ Parejas cargadas de Emotividad

Por el contrario hay parejas muy cargadas de emotividad. La emotividad entra dentro de la afectividad y yo sigo en este tema a Philipp Lersch. Nuestra vida afectiva se compone de sentimientos, emociones y pasiones, según la estructura de la personalidad de ese autor. Un psicólogo alemán que escribió el libro de "La estructura de la personalidad" que yo creo no ha sido superado, entonces en vez de las personas manejar los sentimientos que es lo más maduro que tenemos y más duradero se pone en un plano de emociones y las emociones son muy, muy traicioneras. José Antonio Marina tiene escrito un libro que se titula "El laberinto de las emociones", y si lees ese libro, quedas obnubilado, cómo realmente nuestras emociones nos manejan. Hay muchas personas que son muy lábiles, es decir, muy volubles, inmaduras y tienen un exceso de alegría, un buen humor excelente pero por cualquier percance familiar o en el trabajo o de algún pensamiento que simplemente le vino ya se bajan en su humor, es decir que andan para arriba, para abajo, para abajo y para arriba. Las emociones en muchas ocasiones no son objetivas.

Las características de estas parejas son muy distintas de las parejas racionalistas. Las emociones son esas manifestaciones alborotadas de la afectividad, de repente una gran alegría o de repente una gran tristeza, no hay quien les entienda, se acerca uno a una persona y no sabe cómo va a reaccionar porque tiene esas alteraciones de ánimo. Esas emociones se convierten y surgen y se proyectan sin el filtro consciente de que produce un daño al otro. Si por ejemplo está triste pues todas las manifestaciones con los demás son de tristeza haciendo daño a la pareja; sin embargo si está supremamente alegre no tiene en cuenta que la pareja o los hijos están en una situación distinta. Lo que les interesa son ellos. Estas personas obran porque se les ocurrió, "¿por qué hiciste eso?", "no lo sé, se me ocurrió", no tienen ningún control de sus emociones. Hay personas que para consolarse en sus emociones toman alcohol y se entregan a un problema mayor. Obran y se manejan por el principio del placer, según lo entiende Freud que resumido en una frase es: "me gusta, lo hago, no me gusta, no lo hago". Intelectualmente pueden ser genios y tienen, para decirlo con palabras antiguas, un alto coeficiente intelectual pero afectivamente son un percance, son un desastre y eso trae también unas consecuencias muy problemáticas en la vivencia de la familia. Se debe vivir a lo que también Freud llama "el principio de la realidad" que sintetizado en dos frases es:

"me gusta no me conviene no lo hago",

"no me gusta, me conviene, lo hago".

"Ahora me gustaría poner la música a todo volumen porque estoy triste, ¿pero me conviene y le conviene a los demás que están junto a mí?... No. Entonces no lo hago. Esto se lo he repetido ya muchas veces a los adolescentes con los que he tenido la gracia de tratar y les digo inclusive que si fueran capaces de ponerle en un pequeño afiche y que se lo colocaran en el respaldo de su cama para que cuando se levantan o cuando se acuestan leerlo, irían pensando en que el principio de la realidad es de unas personas maduras, es de unas personas que realmente saben someterse a esa realidad y que hay cosas que aunque no nos guste las tenemos que hacer y que hay cosas que aunque nos gusten no las podemos hacer. Las personas que solamente se rigen por el principio del placer reaccionan ante los estímulos inclusive denigrando al otro, molestando al otro, insultando al otro. Llamo a estas personas "Tarzanes de la selva", (hoy se emplea la palabra inglesa bullying que traducido es el matoneo o acoso escolar, o acoso laboral, etc.) que se creen con derecho a todo, a insultar, a molestar, a someter, a poner apodos y eso francamente, si es dentro del hogar imagínense, y si es dentro del trabajo imagínense qué ambiente genera.

¿Qué es lo que tienen que hacer estas parejas?, respetarse, volvemos a lo de siempre, el respeto es el principio fundamental de la convivencia, pero respeto no ese que algunos creen que es tener miedo al otro, no estar cercanos al otro. Respeto viene de una palabra latina "respectum" del verbo "respicio" que es "mirar al otro, mirar al otro para ver quién es, qué características tiene" y desde mis posibilidades, que son muchas, ayudarle a ser como él quiere ser. Estas personas descontroladas afectivamente tienen que llegar a un control profundo porque de lo contrario esa pareja llegará a tener una convivencia insoportable que algún día se resquebrajará por cualquier parte.

➢ Parejas con un alto nivel erótico.

Haciendo una referencia hay cuatro tipos de amor.

- ✓ El amor erótico
- ✓ El amor de amistad
- ✓ El amor familiar
- ✓ El amor universal

Primero el amor erótico que es la relación genital entre esas parejas, segundo el amor de amistad, phileo en griego es ese amor que nace de la comprensión que se tiene del otro o de la otra y la aceptación total y absoluta de lo que es esa persona. Muchas veces cuando he hablado en la televisión o en la radio he dicho que lo que mantiene a las parejas unidas y en armonía y realmente viviendo una felicidad es el amor de amistad, no es el amor erótico. Porque el amor erótico, pues sí hay parejas que pueden tener todos los días una relación genital y no es lo último que desaparece cuando una pareja decide divorciarse, porque hay algunos que hacen caso a esa famosa frase de que los problemas de pareja se solucionan en la cama. Por supuesto que no estoy de acuerdo, ¿por qué? Porque una relación genital es momentánea, sin embargo el amor de amistad es día y noche, desde que se levantan hasta que se acuestan o desde que se acuestan hasta que se levantan, ya tendremos oportunidad en otro momento de profundizar más en el tema de la amistad.

Hay otro tipo de amor que es el "estergo", es decir el amor familiar, y por fin el verbo agapao, también verbo griego que habla de un amor universal. Tenemos la obligación de amar a todas las personas que se acercan a nosotros. Esta es la palabra que aparece en el Evangelio cuando dijo Jesús "amar a vuestros enemigos", Jesús era muy perspicaz, muy, muy genial, muy profundo, entonces, es lógico, no nos va a decir que amemos a los enemigos como amamos a un amigo pero sí que utilizó esta palabra agapao, es decir el amor universal.

Hay parejas entonces que basan su relación exclusivamente en las relaciones genitales, en la atracción física y sabemos que esa atracción física tiene que convertirse de todos modos en un amor de conocimiento profundo, no es solamente la atracción física lo que mantiene a esa pareja unida, tienen que dar unos pasos mucho más adelante, precisamente para que cuando vengan las dificultades, no sea solamente el amor erótico, que como digo se pierde, lo que sostiene, ¿por qué? Porque aparece otra persona que se piensa es más atractiva físicamente que con la que se convive y vienen las infidelidades, etc., etc. que perturban muchísimo la relación de pareja. Así las parejas que sólo basan su relación afectiva en el amor erótico están abocadas a terminar en el desastre, pues cuando surjan dificultades no las podrán superar de esa forma. Ustedes piensen, repito relación genital, amor erótico es momentáneo. El amor phileo, el amor de amistad es para siempre y tienen que mirar cómo pueden solucionar sus problemas con el amor de amistad o con el amor erótico, repito esa frase de que los problemas matrimoniales se solucionan en la cama me parece a mí que no es muy científica ni muy psicológica.

➢ Parejas Exclusivamente Afectivas

La vivencia matrimonial en estas parejas no está precisamente en las relaciones genitales exclusivamente, las cuales apenas existen, sino que la expresión del afecto se realiza de otra manera: como auténticos amigos soporte afectivo para el otro, que dialogan, se perdonan, se comprenden siempre.

En estas parejas hay mucha ternura y afecto desinteresado.

> ➤ **Parejas que no arriesgan nada**

Son las formadas por personas inseguras y débiles en su personalidad. Tal vez vienen de hogares donde los roles de padre, madre e hijos no fueron muy determinados y los viven como sus progenitores, no dando cabida a la creatividad ni al riesgo de la pareja que siempre deben poner la impronta personal. En estas parejas siempre aparecerán la rutina y la terquedad y su hogar se convierte en un hogar donde la alegría desaparecerá y pueden seguir así hasta la muerte.

> ➤ **Parejas Deprimidas**

La pareja vive en soledad, no se siente feliz, cumplen tal vez con todo lo "legal" del matrimonio, pero no viven en comunión, están aislados el uno del otro. No se trata de una depresión de tratar psicológicamente, pero en ellos hay un fondo de tristeza, de desgana. Su hogar será más bien un hotel. Los hijos crecerán en un ambiente seco afectivamente y lleno de amargura. Tal vez un miembro se dé al alcohol o la droga. Su existencia es una relación que ya está muerta.

> ➤ **Parejas Peleadoras**

Ya en el noviazgo aparece en muchas parejas la pelea, pelean porque el agua moja o la roca es dura. Es un continuo "round" boxístico. La pelea es la forma de comunicarse, de pedir explicaciones o de exponer cualquier tema. Estas parejas deben recordar aquello de que

"Los parlantes solo aumentan el volumen
y no los argumentos".

El hogar formado por estas parejas se convierte en un verdadero infierno donde nadie crece y, por supuesto la evasión es la solución.

Pero luego de ver todos estos tipos de parejas ¿habrá alguna pauta de conducta para solucionar estos problemas en la pareja?
Veamos algunas pautas para que ustedes vivan en su vida diaria y puedan solucionar los problemas que hemos visto en estos tipos de parejas.

- Cada uno debe aportar lo mejor de sí mismo.
- Expresar con gestos y de palabra el amor que sienten el uno por el otro
- Apertura total y definitiva
- Que nunca aparezca la mentira y la hipocresía
- Ser pacientes
- Saber perdonar
- Saber escuchar
- Y saber que el amor que el Señor nos tiene se expresa a través del amor que tenemos a los demás.

La Familia será para ti la primera escuela de tus actitudes sociales y cristianas.

Ángel Campelo

CAPITULO 5

La Familia

Voy a seguir con el tema de la familia tratando unos puntos fundamentales que creo se deben vivir para tener un ambiente familiar agradable donde todos los miembros crezcan. Intentar volver a casa alegre, cariñoso, comprensivo, servicial y con buen humor, ahí está lo difícil de las cosas. Muchas veces la pesadez del trabajo o los problemas, hacen que las personas lleguen a su casa muy pesimistas y con caras largas, soñando con un momento de tranquilidad y que le dejen en paz, pero algunos descargan esas frustraciones, esos golpes que les dio el día, en los miembros de la familia, contra la esposa o el esposo o los hijos. Muchos niños cuando son pequeños salen con los brazos abiertos a recibir al papá y a la mamá pero realmente ellos no están de humor y esos niños se frustran porque no hubo una palabra de cariño, no hubo una sonrisa, no hubo esa acogida que los niños quieren y necesitan, eso sería muy, muy complicado y es que las personas mayores no ponen todo el interés, todo el esfuerzo, toda, toda su fuerza para dejar a la puerta de la casa esas amarguras que traen y mostrarse alegres, que es costoso, sí, pero trae grandes satisfacciones, por lo menos en esos momentos no habrá esas tensiones fuertes que desequilibran emocionalmente a las personas.

Ser cariñoso, mostrar el cariño o mostrar la ternura es de personas maduras, la ternura de la cual haré referencia en otro capítulo, es esa bondad que habita en mí, los creyentes diremos que es la bondad de Dios que habita en mí y que se manifiesta a través de mí a todos los que me rodean. No es un sentimiento blando o un sentimiento de personas débiles, es el salir de sí mismos encontrarse con los demás con cara agradecida a uno y a los demás. Ese cariño debe ser como una especie de telón de fondo que haya en la familia, que todo el mundo se sienta acogido, cercano afectivamente, y esta frase la empleo bastante, una cercanía afectiva eso es fundamental, el cariño parece que suaviza y que es como un rocío que cae en las almas y en los corazones para sentirse realmente satisfechos, sentirse plenos, un abrazo, un beso de acogida es signo del cariño que se tienen las personas y sobre todo los miembros de una familia.

Ser comprensivo. Hay esposos o esposas que también llegan con insatisfacción y quieren que les comprendan y si es que no hay algo que ellos quisieran encontrar en ese lugar se ponen frenéticos, por ejemplo no comprenden que la comida no esté terminada porque ellos tienen hambre e inmediatamente le tienen que poner la comida como sea.
Hay ciertas circunstancias que en la vida no alcanzamos a comprender por estar siempre en esa actitud negativa de que yo soy el primero, de que yo soy al que me tienen que servir inmediatamente, imaginémonos que la cena no está terminada, tengo que comprender que tal vez la esposa tuvo que atender al niño que posiblemente estuvo enfermo o simplemente se demoró bastante tiempo en barrer, pueden hacer algunos otros quehaceres de la casa y cuando se dio cuenta se le había pasado la hora de comenzar la comida, la cena y llega el marido exabrupto, brusco, no comprende, él quiere que inmediatamente que llegue a casa se le tenga preparado, que le preparen unas zapatillas para descansar, creo que el hacer gala de la comprensión es de personas muy maduras.
Las personas maduras analizan las situaciones con tranquilidad, analizan los pros y los contras de las cosas y siempre tienen esa palabra cariñosa de decir "tú, tranquila, yo voy a ayudarte mientras tú terminas de hacer la comida, nosotros preparamos la mesa, llama a los hijos, hacen la ensalada y no sé cuántas cosas más. Comprensión, comprensión por encima de todo.
Servicial, el servir es de personas también muy maduras. La persona egoísta quiere que le sirvan, que cuando él llega todo el mundo se ponga a su disposición, si el adolescente está escuchando una música con un volumen alto, inmediatamente se pone de mal humor y le hace apagar "eso", no comprende que es un adolescente y que si está escuchando música posiblemente es porque le entusiasma. Servir,

repito, es muy difícil. Precisamente esa carga egoísta que todos tenemos y que queremos que nos sirvan en vez de servir. Sabemos que Jesús era la persona servicial por excelencia " no he venido a ser servido sino a servir", y en aquel acto fundamental de la última cena cuando ante la sorpresa, ante los ojos abiertos de los apóstoles se levantó de la mesa, con una toalla y se la ciñó, tomó una palangana o jofaina y la llenó de agua y se puso a lavar los pies de los discípulos, eso es inaudito, pero tenemos que pensar que es el acto de servicio que también los cristianos, y en fin de cuentas todas las personas, tienen que servir a los demás, no servirse a sí mismos tal como vemos a muchas personas que se sirven y someten a otras tal como lo comentamos en capítulos anteriores, someten y esclavizan para que les sirvan.

El servicio es como el amor, es la manifestación del amor, el salirse de sí mismos y encontrar a los otros y ponerse a su disposición, es cierto que hay que ser servidor de todos pero esclavo de nadie, porque hay personas que nos esclavizan.

Dialogando sobre lo que a mí me molesta de la otra persona es como se llega a esa satisfacción, de querer que las demás personas se sientan bien conmigo y con buen humor. Hay esposos o esposas que llegan a casa con cara de revólver y que si sus ojos tiraran balas no sé cuántos caerían delante de ellos. El buen humor es esa satisfacción del alma que está en paz consigo misma, no hay amargura, no hay insatisfacción, no hay mal genio, no hay esa actitud que está en contra de todos, el buen humor es esa cara alegre, es esa satisfacción por la vida, es esa satisfacción del encontrarse con esas personas que dices que amas, por supuesto que amas, y no es que continuamente se estén contando chistes pero se nota en la expresión de sus ojos que realmente están contentos, alegres y de buen humor. Un hogar donde haya, repito, alegría, cariño, comprensión, servicialidad y buen humor eso será una especie de paraíso, una especie de lugar donde todos crecen, donde todo el mundo cree en los demás y ama a los demás.

➢ No explotarás ni manipularás, ni marginarás a ninguno de los que conviven contigo

El cuarto punto para conseguir ese ambiente familiar fecundo, feliz y armonioso es "no explotarás ni manipularás, ni marginarás a ninguno

de los que conviven contigo".
Es lamentable escuchar a los adolescentes que vienen y dicen que en la casa son los esclavos, porque los papás tienen preferencias, cuando se es hijo único todavía, pero cuando son dos o tres hijos o más... Los papás no sé por qué sutilezas psicológicas prefieren a alguien. Les digo, "¿pero no te compran lo mismo?, no, algunas veces a mi hermano o hermana le compran algo nuevo y a mí hasta que no tenga agujeros en los tenis no me los cambian", Repito no sé por qué sutileza psicológica habrá esas diferencias que realmente son muy perjudiciales, muy perjudiciales sobre todo para el adolescente por eso esta máxima de no explotarás, ni manipularás, ni marginarás a ninguno de los que conviven en esa familia.
Hay casos de algunos hijos que dicen que ellos siempre tienen que lavar la loza, o cuando llega el sábado y se va a hacer el aseo general, se permite que alguno esté en la cama mientras que ella o él tiene que cuidarse de hacer todo el oficio y así día tras día o sábado tras sábado o domingo tras domingo y eso al final cansa, cansa psicológicamente, no físicamente porque hacer el aseo no es un trabajo muy extenuante pero sí cansa psicológicamente y sobre todo si viene de eso que parece más como un desprecio, esclavitud o marginación que le imponen. Éstos adolescentes tienen un grave problema o pueden tener un grave problema que la autoestima no les crece, se creen esclavos y cualquier persona que piense que es esclavo de alguien ¿en qué va a crecer? Además normalmente estas personas explotadas son también objeto de apodos, pues le dicen cosas tales como "es una perezosa, no vales para nada, mira cómo has hecho esto" y eso es muy grave. Estos casos sobre todo las mujeres llegan al extremo de que no se sienten queridas, no se sienten amadas, no se sienten apreciadas y si se da el caso de que viene un muchacho a plantearles un cielo azul o unos castillos en el aire, ellas no escuchan a nadie, porque nunca han escuchado esa palabra de "te quiero", nunca han sentido ese apoyo psicológico del papá o de la mama, más bien se sienten despreciadas y marginadas, éstas muchachas son capaces de desaparecer de la casa. Regularmente dejan un papelito diciendo "que me voy" o pueden no dejar nada y ya empieza la angustia de los papás ante una situación como esa. ¿Por qué se fue? Simplemente, porque no se siente querida y como el muchacho le presentó esos castillos en el aire...

Esto es muy importante porque son muchos los casos que se dan, y luego aparece en la prensa o en la radio que tal muchacha desapareció de la casa sin dejar rastro alguno, pues se fue con alguien y en muchos casos es para ser objeto de prostitución o abusos, porque es la sociedad que está podrida y estas pobres muchachas ingenuas se las pintan todo muy bonito, "que la quieren, que la quieren" y no es así, es simplemente para esclavizarlas en una casa de prostitución. Cuando no es el caso anterior se mantienen escapados de la policía, sobre todo si son menores de edad, y a los dos o tres meses todo aquello que ella vio una salida de su hogar se le complica mucho más y tiene que venir, y en algunos casos regresa con un embarazo y he ahí otro problema, pues en vez de acogerlos familiarmente como debe ser de padres a hijos y hermanos o hermanas se complican más las cosas y la explotación continúa, pues le dicen "tú te lo ganaste, tú no pensaste en nosotros, tú solamente pensaste en ti" y el problema se agrava con unas complicaciones muchísimo más peculiares de desprecio y marginación.

¿Cómo hay que actuar, cómo tiene que ser ese ambiente de trabajo?. Cuando son dos o tres hermanos hay que distribuir el trabajo diario o semanal a cada uno en la misma proporción, uno de ellos lava la loza tal día, o por la mañana o por la tarde o por la noche, o cuando se especifique, pero muy equitativamente. A la hora de hacer las compras, por ejemplo en la Navidad que es tan típico comprar regalos para los hijos, que nadie vea que se le compra mejor a uno que a otro o que a otra, porque hay envidias entre ellos y uno tiene que ser muy cauto a la hora inclusive de elegir la ropa que va a llevar cada uno, en el regalo que le va a dar, no haya marginación, sí hay amor, si la preocupación por cada uno es exactamente igual sin tener preferencias,

Los padres saben que inclusive dentro de la misma familia los hermanos son distintos a pesar de que tienen los mismos padres, las características psicológicas siempre son distintas y el papá y la mamá deben estar muy atentos sobre qué necesidad tiene cada hijo o cada hija para precisamente solventar esas necesidades e inclusive ni las expresadas. Por ejemplo algún hijo es más tímido, más retraído y con ése hay que tener mucho cuidado, qué necesidades está mostrando con esa timidez, con ese apartarse en ese silencio que pueda tener en la casa. Son necesidades distintas de los hijos y el papá y la mamá que realmente quieren educar a todos por igual, lo único que deben atender es a las necesidades de cada uno dado que son distintas. Los papás y las mamás deben hacer un estudio psicológico sin ser psicólogos, los papás intuyen mucho, a veces mucho mejor que un test de personalidad, etc. para ver qué necesidades tiene cada uno de sus hijos y hay que trabajar en todas esas necesidades.

➢ **Lucharás para que tu familia sea una comunidad de amor y de personalización.**

Si miráramos los desequilibrios de las personas adultas y los desequilibrios que presentan de depresión, paranoia, esquizofrenia, esos desequilibrios de neurosis, sociopatía, tal vez tendríamos que ir a buscar, en el fondo, en su infancia el origen. Sabemos que todo en nuestra psicología tiene su origen y sus causas.

➢ **Una persona no amada, no sabrá amar.**

Una persona que reciba agresividad, lógico que será agresiva. Comentaba en un párrafo anterior que en los colegios es muy fácil distinguir aquellos niños que en su casa viven en el amor y aquellos que en su casa viven con agresividad. Hay niños que tienen miedo por todo y empujan, agreden, pegan, se convierten en especie como del repartidor de golpes y ¿por qué?. Porque en su casa recibe muchos golpes, es algo así como una especie de compensación sicológica.
Hay personas que siempre están tristes, no tienen el sentido de la vida. La mamá sabemos que es precisamente la que da el sentido de la vida. Cuando he tenido que hablar a las mamás he hecho la comparación que Erich Fromm en el libro "El arte de amar" enuncia sobre las mamás. ¿qué es una mamá?, es aquella que ofrece miel y leche. Este autor analiza muy bien la Biblia dándole un sentido psicológico. Son aquellas palabras donde Dios le dice al pueblo de Israel que los llevará a una tierra que mana leche y miel. No hay que tomarlas en el sentido estricto real, pues ninguna tierra mana leche y miel, pero ¿qué significaba para aquellos judíos llegar a la tierra que Dios Yahvé les iba a dar?, simplemente encontrarían seguridad,

alimento y sobre todo encontrarían paz.

El sentido que da Erich Fromm es que cuando una persona ha echado raíces afectivas se siente bien y la mamá es la primera que tiene que dar leche, el alimento materno. En sus senos se produce el alimento que dicen los pediatras es lo que más fortifica, inclusive en salud al niño. Y segundo la miel, ese niño cuando es acogido, abrazado, besado, es calentado en el seno materno, ese niño está creciendo, ese niño está psicológicamente formándose con seguridad. Luego cuando el niño comienza a ver el rostro de la mamá se siente mucho más seguro, se siente querido y apreciado. Cuando la mamá se extasía delante de su hijo que está en la cuna. No nos recordamos nada, pero sí los sentimientos que tenemos de agradecimiento, los sentimientos que tenemos de ternura hacia los demás son captados, asimilados casi por ósmosis por esos ojos tiernos de la mamá, es decir que el niño está creciendo. Sin ampliar algo que ya he hablado en otros apartes, quiero decir que los niños que nacen y viven sin las manifestaciones afectivas de la mamá, tienen un futuro muy problemático, inclusive de relación con los demás, son bruscos y casi en las palabras de Otto Heinz Remplein en su libro de "La psicología de la personalidad", son personas con una personalidad primitiva, no hecha, no terminada, parece que cualquier roce que tengan con los demás les molesta y por supuesto ellos molestan a los demás. Las mamás que se queden con esta imagen bonita, que deben ser para sus hijos en la familia "tierra que mana leche y miel".

Posteriormente el papá entrará con otros condicionamientos psicológicos en la evolución del niño, pero la mamá en sus primeros años es la responsable de darle el sentido a su vida, de que estos niños se sientan alegres y contentos en el vivir. Hay personas que se les pregunta ¿tú para qué naciste? y algunos responden "yo para morir" y los 50, 60, 70 u 80 años que vas a vivir, qué vas a dar, ¿cómo vas a considerar la vida?. Muchos piensan que como que es un valle de lágrimas, como que es algo terrible y que hay que pasarlo lo mejor que se pueda y no la aprovechan.

> ## Comunidad de amor.

El amor es salir de sí mismo, un sentimiento centrífugo para habitar en la casa del otro. Por ejemplo, el amor a los hijos, ¿en qué se fundamenta?, en el conocimiento que se tiene de ellos, en el querer habitar en la casa del otro, es decir, de los hijos para acompañarlos en su devenir de la vida y sobre todo en los primeros años. Un niño que no es amado tiene supremamente problemas, eso está muy claro y ya lo trataremos más adelante. Entonces, el amor debe ser como esa especie de ambiente donde todos crecen y por lo tanto se fortifican en su personalidad. Hay personalidades muy inseguras, personalidades muy agresivas, personalidades muy solitarias, personalidades que realmente nos llaman la atención precisamente porque no tuvieron en su infancia y luego tal y como dijimos al hablar en los tipos de pareja ellos hacen otro tipo de familia igual al que vivieron ellos mismos.

➢ El compartir y el participar son verbos regulares a conjugar en tu entorno familiar.

El compartir y el participar, el compartir todo. Los papás comparten lo que ganan, aunque hay algunos papás realmente a la hora de dar algo del sueldo se encuentran con problemas y dicen que su dinero es su dinero, ellos lo han trabajado y que no tienen que compartir. Son personas miserables, ése es el hecho, ese papá que no pone a disposición de sus hijos y de su pareja y que se guarda el dinero para sí y da lo mínimo; bueno sí paga la pensión del colegio, se pagan los servicios públicos, pero hay más para compartir, hay detalles como el salir un día de paseo, salir un día a un restaurante aunque sea a un restaurante no muy lujoso, ni muy costoso, pero no, la avaricia no les deja y sabemos que la avaricia es lo contrario que el compartir, todo para mí y cuanto más tengo parece que más quiero y no pone ni siquiera a su persona para un compartir, así sea conversando sobre el día, conversando sobre los problemas que pueda tener.

Qué bonito sería si una vez al mes se reúne la familia para compartir cómo se siente cada uno, que está sintiendo, eso lógicamente se da hasta en los equipos de trabajo, en las organizaciones sean estas grandes o pequeñas se comparte mucho, se evalúan los resultados, se hacen planes y se presentan problemas para buscarles la mejor solución. En la familia esto sería para un niño un desahogo, por ejemplo si el niño dice que ha obtenido malas notas, en ese decir

"sacar malas notas" ya se desahoga, ahí ha compartido. Y viene la comprensión por parte de la mamá, del papá y de sus hermanos de ayudarle y colaborarle para que la siguiente evaluación le vaya mejor. Es que el compartir no es compartir grandes ideas, es compartir la vida, es compartir las preocupaciones, es compartir lo que yo llevo dentro que necesito expresar, eso es compartir.
Complementando este compartir y participar en la familia ceo que conviene decir unas palabras sobre el dinero.

A pesar de que muchas personas creen que el dinero no es importante hay un axioma, el dinero es fundamental en la familia, lo malo está en que muchas personas, como apuntaba en un párrafo anterior, creen que son dueñas de su dinero, de su sueldo, pero si entre los dos miembros de la pareja pueden tener un buen ingreso y ponerlo a disposición de toda la familia es una buena acción porque es necesario el vivir con dignidad.

> **El participar.**

Con tal que haya un miembro de la familia que no participe, está en solitario. Por ejemplo los adolescentes que en cierto momento de su vida personal íntima no la quieren compartir, ni expresar. Cuántas veces los amigos son quienes reciben las intimidades de sus amigos y la mamá ni el papá tienen idea de lo que esos hijos adolescentes piensan, o esos hijos pequeños piensan, porque ante cualquier palabra que digan se les manda callar o se les dice "tú no tienes velas en este entierro", que se suele decir como un refrán. Por ejemplo en las fiestas de cumpleaños hay un momento en que sólo se quedan las personas adultas y los niños tienen que ir a la cama, por qué?, porque los adultos adquieren un tono de tomar licor y eso por supuesto no favorece para nada a este niño de ocho o diez años. Lo mejor es desprenderse de ellos, que no participen, que no disfruten de la alegría de un cumpleaños, que no participen inclusive de su primera comunión ni de su confirmación y que se vayan a la cama, no participan. Es más, cuando llega una visita a la casa hay que decir que el niño tiene que estar presente, porque así se entera de noticias que traen los visitantes, de negocios, algún negocio que tiene el papá o la mamá y así los niños van aprendiendo, los niños se van personalizando en todos los sentidos y es muy conveniente que ellos participen y estén presentes en cantidad de situaciones que la familia entera vive.

Con éstos principios o conceptos básicos sobre cómo debería ser la familia me complacería que los recibieran con mucho cariño, que los aceptaran para que ese hogar, como muchas veces he dicho, sea fuente de felicidad para cada uno de los que viven en él.

Ángel Campelo Campelo con Omar Pedroza

Educar a un hijo no es satisfacer

todos sus caprichos

sino darle todo tu amor.

Ángel Campelo

Capítulo 6

La Educación de Los Hijos

¿Cómo hay que educar al niño o a la niña para que en su vida futura no tenga problemas? Tendrá problemas, pero siempre estará en una disposición positiva de arreglarlos, de solucionarlos y no evadirlos como muchas personas hacen.

> ➢ **Si un niño vive amado, aprenderá a amar y a amarse.**

Es muy problemático que una persona no se ame a sí misma. Dice San Pablo que el amor empieza por amarse a sí mismo, de tal manera que afirman los psicólogos "que el que no se ama a sí mismo no es capaz de amar a nadie". No es egoísmo, el amor a sí mismo tiene todas las características del amor maduro, el egoísmo es prácticamente un odio a sí mismo y que necesita que todo el mundo le ame, que todo el mundo le consienta, y todo para él.

> ➢ **El amor y la protección al niño deben ser incondicionales.**

Nunca jamás unos padres pueden poner en duda el amor a sus hijos. Sería privarles de una necesidad fundamental que tenemos todas las personas ya desde la cuna: sentirnos amados, cuidados y que alguien en principio cuando somos muy pequeños o muy niños se responsabilice de nosotros. Esa mamá que escucha llorar al niño en la cuna y no se acerca, ese papá que inclusive le grita que se calle, el niño se asusta más y seguirá llorando. Se cuentan historias trágicas de que por ejemplo un esposo a las dos de la mañana escucha llorar al niño, se levanta y lo tira al piso, qué sentirá ese niño en medio de toda su desdicha, pues si llora es porque tiene algún dolor, o no se siente a gusto o que está sucio. Si además hay un padre agresivo, violento que le grita y además lo tira al piso, imaginémonos cómo afectará al niño esa agresividad.

➢ El niño debe saber además que se le quiere aun cuando se le regaña.

El regañar, es decir ponerles a los niños las cosas claras, lo que deben hacer es también importante pero la manera de regañar es precisamente con amor. No gritando, no insultándolo, no menospreciándolo, sino simplemente explicándole, "esto no lo estás haciendo bien" y de esa manera el niño entenderá que inclusive cuando se le regaña se le está amando para su aprendizaje, para que vaya teniendo unos hábitos y unos comportamientos adecuados con las personas. Imagínense que todos esos niños que hoy son adultos hubieran sido amados inclusive en el regaño, no serían agresivos, no serían ellos también regañones y por supuesto cuando formen un hogar, el ambiente que se vive será muy propicio para la felicidad.

➢ Si un niño vive cuidado, aprenderá a cuidar y a cuidarse.

Cuidar no es imponer un corsé de hierro que el niño no se pueda mover, nada más que intenta subir a una silla gritarle para que no se caiga, en todo caso uno tiene que acercarse con mucho cariño y decirle "si no pones cuidado aquí, te puedes caer", pero el niño ya debe empezar a expresarse. Fíjense que los niños en los primeros años ya manifiestan su "yo", ya aprendieron a decir "yo". Eso quiere decir que el yo, que es lo más original, lo más maduro de la persona, se quiere manifestar y habrá, es cierto, momentos que el niño no ve peligros y hay que cuidarles, pero no hay que estar ahí continuamente de tal manera indicándole todo, "siéntate, no te muevas que..." Los niños tienen también esa tendencia a la supervivencia, no son tan necios, irresponsables como para meterse en peligros tremendamente riesgosos, lógico que hay que cuidarles.

> *Cuidar es desplegar todos los medios para que el niño un día sea autónomo, que no dependa del papá y de la mamá para hacer todo.*

Con esa educación cuidadosa, el niño se va emancipando de la protección de sus padres, para que ellos sean autónomos, es decir ellos mismos sepan lo que tienen que hacer en cada momento, en cada situación por muy problemática que sea. Lógicamente que después de esta emancipación vendrá la libertad. Un niño que no sepa hacer nada por sí mismo no tiene libertad, un niño que no se le dé esa posibilidad de libertad imagínense cómo crece, siempre metido en un corsé que si no le obligan, no hace nada.

> ## Si un niño vive acogido aprenderá a acoger.

Es muy bonita esa imagen de los niños pequeños inclusive de seis o siete años que cuando llega el papá o la mamá a la casa salen con los brazos abiertos a abrazar a ese padre o a esa madre que sabe que lo quieren. Hay padres que no acogen a sus hijos y cuando llega del trabajo, la mamá algunas veces dice, "cuidadito que viene el papá", qué sentido de acogida tendrán esos niños frente a su papá, ninguna. Realmente es mejor que no diga nada y si viene gritando peor.
El acoger no significa que el niño debe hacer lo que se le venga en gana. Muchos papás tienen un sentido un poco confundido de la educación y suelen decir "que cuando sean mayores, cuando ya tenga sentido común, que cuando ya puedan escoger por ellos mismos lo que tienen que hacer", no. El niño necesita por supuesto esa

educación, ese cogerlo de la mano para que se dé cuenta que las cosas que haga, se tienen que hacer bien, educarlo en lo que está bien o de lo que es inadecuado y negativo en sus comportamientos. También se consuelan los papás diciendo "es que todos hemos sido niños", un niño que por ejemplo dice groserías, un niño que se tira al piso y dicen "déjalo, déjalo que haga lo que quiera", eso no es acoger, es simplemente dejarle a su propio impulso y a su propia tendencia que no le favorecerá para nada, no sienten la responsabilidad por sus actos. Es más, cuando hay que regañarlos y como decía en el párrafo anterior hay que regañarlo, pero con esa paciencia, con esa cercanía afectiva de tal manera que no se sientan insultados.

> *Acoger es partir de lo que el niño es, para potenciar lo mejor y corregir lo peor, es corregir con cariño lo peor cuando llega el momento y si no mañana será tarde.*

Cuando un niño se le deja con sus caprichos es tarde. Existe una escuela a 160 kms de Londres fundada en 1921 por Alexander Sutherland Neill que se llama "Escuela Summerhill, donde el niño es educado en libertad, pero no es hacer lo que él quiere. La libertad es el telón de fondo de sus acciones. Es un error esperar a que el niño haya comprendido la importancia de la disciplina para someterse a ella. En los colegios se ve muy fácilmente qué niños en casa pueden hacer lo que les da la gana y qué niños en casa tienen un ambiente de libertad controlada, educada y sobre todo puesta al servicio de ellos. El niño que está en el aula y de repente empieza a gritar y si se le pregunta y dice "es que yo en casa grito, es que yo en casa molesto, es que yo en casa puedo hacer lo que quiera", eso es francamente un error en la educación de los hijos y ese niño en el colegio se sentirá constreñido en "su libertad" porque tiene que cumplir unas normas, una normas para todos, para que haya ese ambiente de trabajo educativo y de aprendizaje.

Cuanto más pequeño son los niños para entrar en esta dinámica de la disciplina, en este sentido de libertad, es mucho más fácil que ellos entiendan y es fundamental que ya comprendan qué es la libertad y qué es la democracia. Pues la democracia no es hacer lo que a cada uno le venga en gana. Lo que pasa es que muchas personas así lo entienden y no hacen lo que deben hacer y son en la sociedad los que causan la cantidad de leyes que tiene que emitir el Gobierno para que las cosas vayan bien, precisamente en función de todas esas personas que no tienen el sentido vertical, el sentido del derecho de los demás, solamente ven derechos en ellos.

➢ Si un niño vive educado aprenderá a educar y a educarse.

Por ejemplo, un niño que empieza a comer con la mano, habrá circunstancias en que sí es aceptable, pero habrá momentos en que ya la mamá y el papá tienen que educarlo para comer. En los restaurantes se observan escenas trágicas, preocupantes, donde se ve un papá y una mamá con dos o tres hijos comiendo y que no saben comer, tanto que al final queda esa mesa de una manera que el mesero debe limpiarla con jabón. No saben comer y eso fundamental, por lo menos dar la sensación de que una persona es educada, y eso tiene que ser desde la más tierna infancia.

San José de Calasanz fundador de las Escuelas Pías lo tenía muy claro: "si desde los más tiernos años, un niño es educado, decía él, en "piedad y letras", es decir en todo lo que es la persona, es muy fácil descubrir cuál será el rumbo que va a tomar en su vida futura". Un niño como se suele decir dejado de la mano de Dios, dejado de la mano de los papás, crecerá en él una cantidad de comportamientos inadecuados, de malcriadez y de sub-educación. Cuando con un niño se utilizan buenos modales, por ejemplo cuando se solicita permiso para hacer las cosas, como cambiar el canal de la televisión, etc, que los papás sean los primeros que tengan buenos modales con ellos. Un papá que diga groserías delante del niño lo único que consigue es que el niño diga "si lo dice mi papá, por lo tanto lo digo yo". Cuando un niño ve que su papá llega a casa o su mamá y deja los zapatos de cualquier forma y no tiene nada ordenado, no tiene orden en sus cosas, el niño aprenderá eso, de tal forma que cuando llegue a su casa del colegio tirará la mochila, los libros, el uniforme por cualquier parte y al día siguiente, para recogerlos, es un problema.

> *Educar* es conducir al niño hacia la plenitud de su ser.
> Educar es darle los argumentos y las acciones suficientes para que ese niño comprenda cómo debe primero comportarse consigo mismo, comportarse con los demás, comportarse en sociedad, comportarse en el colegio.

Un niño ya desde los dos o tres años e inclusive aquellos niños de un año que se tiran por el piso hay que darle a entender con cariño que eso no es un buen comportamiento, que se tiene que educar y ese niño irá aprendiendo lo que una persona madura debe hacer.

➢ Si un niño vive en la justicia en su casa por parte de sus padres aprenderá a ser justo consigo mismo y con los demás.

Para que un niño sea justo ha de ver que el adulto es justo. Si él ve parcialidad, por ejemplo en el trato con los hermanos, o si él siente, no solamente lo ve, que está discriminado en la familia, en esa familia no hay justicia. Él tendrá asimilada esa actitud de sus papás para que en su vida sea injusto, tanto con sus futuros hijos como con las personas y procurará hacer todas las cosas con injusticia.
De todas maneras, estos tópicos les ayudarán a ustedes, padres de familia, para que ese hijo que tienen y que recibieron con mucho amor, sea educado y pueda vivir en felicidad como he apuntado con mucha insistencia.

Hay un libro que pueden adquirir y que ha sido la base de este tema. "Soy amado, luego existo", volumen III, cuyo autor es Carlos Díaz. Editado por Desclée de Brouver, Bibao, 2000.

"Amar es entrar en la casa del otro, si te abre las puertas de su jardín secreto, mucho más allá que sus caminos de ronda y de las flores y de los frutos cogidos de sus taludes, allí donde maravillado podrás murmurar: **eres tú mi amado y tú eres mi único.**"

Michel Quoist

CAPITULO 7

Condiciones para Amar

El tema que voy a tratar ahora es como consecuencia de la persona que desde su tierna edad es educada, es conducida armoniosamente hacia la plenitud de ser persona. Tal vez les va a llamar la atención este tema pues lo considero importante.

Vemos que hay personas que están vacías, están tristes, que nada les consuela, que no tienen nada como bonito, como digno de ser admirado, es decir son personas que han perdido realmente la capacidad de sorpresa en la vida, la capacidad de ver las cosas con grandeza y ¿esto por qué es?. Todos sabemos que en nuestro interior, en el hondón de nuestra alma habita El Señor, pero nosotros estamos tan fuera de nosotros mismos que nunca accedemos íntimamente a ese hondón del alma para pensar, para recogernos, para ver que hay allí, cuáles son las tendencias.

Todas las personas tenemos, voy a llamarle una "alcoba interior o habitación interior". En el interior de cada ser humano hay un tálamo nupcial al cual sólo tiene acceso la persona. De tal manera que nos sintamos amados. Esa intimidad nuestra está ahí y la tenemos que ahondar, la tenemos que enriquecer, le tenemos que dar acogida. ¿Cuántos de nosotros en el día intentamos entrar en esa alcoba interior, en ese sitio, lugar de paz, de tranquilidad, de sosiego?. Dicen muchas personas que no, y además como la sociedad actual nos da tantas diversiones, tantas cosas para distraernos y ese distraimiento nos impide el conocernos como somos, no conocemos lo que nos llama la atención, no conocemos a no ser lo que la sociedad actual nos da, no conocemos cuál es la riqueza, cuáles son las cualidades, cuál es lo íntimo, lo personal, lo único, porque nosotros sabemos que somos únicos, no hay nadie, absolutamente nadie como nosotros, como cada uno de nosotros. Por tanto ese paraíso interior, paraíso en el sentido bíblico, donde lo tenemos todo, la mayoría de las personas no lo conoce, y la mayoría de las personas vive siempre hacia afuera y no cultiva amándose, siendo tiernos con ellos mismos o con ellas mismas, esas personas están vacías.

En algunos capítulos anteriores preguntaba que cuando se acuestan en ese duerme-vela que tenemos todos antes de entrar en un sueño profundo ¿qué preguntas nos hacemos?, ¿qué es lo que aparece en nuestro consciente?, ¿qué preguntas son positivas de aceptación de nosotros mismos, de estar bien con nosotros mismos?, eso es entrar en ese hondón del alma, en ese hondón del corazón, en ese tálamo nupcial.

Y con esta introducción quiero decir que para amar hay que estar lleno de amor y eso lo encontramos en el hondón de nuestra alma, alguien que no esté lleno de amor de sí mismo no puede amar a los demás, ese amor a sí mismo, ese cariño, ese no perjudicarse, ese seguir creciendo en humanidad.

Estamos diciendo muchas veces que la humanidad hoy está perdiendo "humanidad", estamos deshumanizándonos y no es de criticar pero muchas veces damos muchísima más importancia a los animales que a nosotros mismos, que a los demás. Pensando en la cantidad de miles de millones de dólares, de pesos o de euros que se gastan en beneficio de las mascotas, sabiendo que hay cantidad de gente que sufre y que realmente muere de hambre, esto es inaudito. Pensando por ejemplo la cantidad de miles de millones de dólares, de pesos, de los que se gastan en cosméticos, en cirugías plásticas, en liposucción, solamente es cultivar lo externo. Es asombroso escuchar como aparecen por las clínicas de cirugía plástica señoras de 70 años para que les pongan un implante en los senos, eso es asombroso. Quiere decir que esas personas, con todo respeto por ellas, no tienen ese sentido de que para amar tienen que amarse a sí mismos pero espiritual o psicológicamente, porque están vacías de amor y entonces quieren aparentar, situaciones de juventud perdida, ya irrecuperable pero que ahí está.

➢ Para amar hay que estar en paz con uno mismo.

Cuando alguien está en guerra consigo mismo, insultándose, despreciándose, viéndose solamente lo negativo, no es capaz de amar a nadie, proyectará siempre ese trasfondo de defectos a los demás, por ende esa persona es incapaz de amar a los demás. Por eso hay que estar en paz con uno mismo, justificándose o viendo lo positivo que hay en nosotros y procurando siempre por supuesto amortiguar todas esas tendencias torcidas, todas esas heridas que muchas personas han recibido de la infancia y que realmente les quita la paz y si es que en algún caso hay que consultarlo psicológicamente con un entendido, hay que hacerlo, porque el que está en paz consigo mismo está en paz con todo el mundo, el que goza la paz interior, da paz a los demás. Hay personas supremamente tensas, nerviosas. Imagínense en un hogar donde el papá o la mamá no tengan paz, harán de ese hogar una especie como de infierno, allí todo el mundo gritando.

➢ Para amar hay que vivir intensamente en felicidad.

La felicidad es posible a pesar de que dicen algunas personas que no hay felicidad. Considero que la felicidad sí es posible, pero hay que tomar el camino correcto para llegar a ella, pensando que por mucho que se tenga, por mucho dinero que maneje, eso no es felicidad. Es curioso ver cómo las personas quieren ser ricas y ponen su ilusión en comprar lotería, en comprar todo lo que les pueda traer un beneficio exterior. Eso no es la felicidad. La felicidad está precisamente en encontrarnos a nosotros mismos para progresar en la plenitud del ser, del ser yo y eso se encuentra como digo en ese tálamo nupcial, recogido donde tú te encuentras bien, amándote y queriéndote y teniendo una ternura impresionantemente compensadora para la felicidad.

Vemos en la televisión cómo hay filas, colas casi de un kilómetro para comprar en ciertos lugares donde venden la lotería porque el año anterior vendieron el número premiado. Entonces todas las personas independientemente de mirar si es por suerte o no, aquel expendio de lotería es el que da la felicidad. Grave error según mi entender. Exactamente igual que poner la felicidad en comprar un frigorífico, un carro. Muchas veces la propaganda que hacen los concesionarios de carros es eso... "si te toca el carro, si compras aquí...", y cuando a alguien le ha tocado un premio, va la prensa, la radio y la televisión y le ponen el micrófono delante de la boca a esa señora o señor y le preguntan, ¿ cómo se siente señora?, como se siente señor? y la contestación es "hoy es el día más feliz de mi vida", grave error, grave error considerar el mejor día de su vida el día que le toque un carro o un frigorífico o cualquier artilugio material. Yo me suelo decir "¿y el día que esa mujer o ese hombre se casó o se casaron, el día en que les vino el primer hijo, el día en que tuvieron una conversación íntima donde cada uno ha expresado lo que sienten el uno por el otro, no es más feliz que el que le haya tocado un carro?"

> ## Para amar hay que estar alegre.

La alegría es distinta de la felicidad. La felicidad es un sentimiento, por lo tanto siempre estamos en felicidad y la alegría es pasajera, es una emoción que tiene sus altibajos, un día nos levantamos optimistas, alegres y otro día tal vez por el trabajo excesivo que hemos tenido el día anterior o por el cansancio que no hemos podido vencer con todo el sueño nos sentimos tristes, pero para amar hay que siempre estar alegres, no se puede amar con una cara seria, con una cara de revólver, con una cara que parece que se nos cae el mundo encima. Para amar a los demás y a mí mismo debemos ser siempre alegres. Para amar hay que sacrificarse diariamente, el amor es un sentimiento muy difícil, ¿por qué? precisamente porque tenemos ese contraste, eros y zánatos de Freud, el egoísmo. Esas dos tendencias son tan fuertes que si están descompensadas a favor del egoísmo no sabremos amar y para controlarse hay que sacrificarse.

Esta palabra no tiene buena prensa y no tiene muy buena aceptación en nuestra sociedad, porque todo lo que nos ofrece es precisamente para vivir en una comodidad inconmensurable, una comodidad total y absoluta la persona es hedonista… y no es cierto. Nosotros dada nuestra condición de humanos tenemos descompensaciones, tengo que decir "esto me favorece o no me favorece para el amar, si me favorece adelante, si no me favorece tengo que sacrificarme, es decir tengo que dominarme, tengo que ir en contra corriente".

La penitencia y el sacrificio en otros tiempos eran darse latigazos o ponerse cilicios, etc. Hoy se entiende más esa penitencia y ese sacrificio como ir contra corriente. No todo lo que nos ofrece, no todo lo que nos da la sociedad de consumo es adecuado para nuestro crecimiento, ante eso deben anteponer una actitud consciente de dominio de sí mismo y decir "eso no". Eso es sacrificarse. Y para amar, por supuesto hay que sacrificarse, para amar a los demás hay que sacrificar nuestro propio egoísmo, nuestras propias dependencias de tener siempre la razón, de despreciar a los demás, etc.

➢ Para amar hay que crecer en personalidad.

La palabra personalidad hoy está muy desprestigiada porque a cualquier cosa se llama personalidad. A veces la propaganda nos impulsa a "que con tal prenda creces en personalidad, ponte esa prenda y los demás te admirarán", craso error como algunas veces he dicho.
Para dar una pequeña definición, la personalidad es "la integración e interacción armónica y equilibrada de los tres niveles en que está constituida la persona, el cuerpo, la afectividad y la razón, hacia (nosotros mismos) y hacia fuera (los demás)". Esta definición no se encuentra en ningún manual de psicología. Pero la utilizo cuando hablo a los adolescentes. Está sustentada en el libro de Phillipp Lersh "La estructura de la Personalidad". El autor equipara el cuerpo con fondo vital, afectividad con el fondo endotímico y la razón con la supraestrucrura personal.
La personalidad no es tener buen cuerpo, no es tener una afectividad descontrolada, no es ser racional de pura esencia, sino que es la integración armónica y equilibrada de mi cuerpo, de mis sentimientos, es decir, mi afectividad y de mi razón, de tal manera

que la personalidad madura es aquella cuya razón es la directora de la orquesta. No puedo hacer todo lo que se me venga en gana o todo lo que me exige el cuerpo, no puedo hacer todo lo que mi afectividad me presenta, sino que la razón es esa directora, es la que lleva la batuta de todo lo que yo soy, de todo lo que yo siento y de todo lo que yo puedo hacer.

➢ Para amar se necesita una personalidad madura.

La madurez es esa situación psicológica donde el autodominio y el autoconocimiento son tales que la persona no naufraga en las circunstancias de la vida. Para amar hay que salir de sí mismo, de uno mismo. La persona que se queda en soledad, ensimismada no comprende las necesidades de los otros. El amar es corresponder a las necesidades de los otros expresadas o no expresadas como lo indicábamos en un capítulo anterior. La persona que está en continuo soliloquio, habla únicamente consigo misma, no habla. El amor es por esencia salir de sí mismo, el sentimiento centrífugo, es decir desde el centro hacia afuera para encontrarse con los otros, para dar. El amor maduro es eso: la persona sale y no es solitaria sino que se encuentra con los demás para dar todo lo que tiene.

➢ Para amar hay que considerar a las personas como personas.

Eso es fundamental, miren que a veces, algunas personas "aman" más a su mascota que a su pareja. O hay personas que se quedaron en soltería, tal vez no querida, pero sí aceptada como frustración y esa frustración la trasladan hacia el "amor" a una mascota y eso es peligrosísimo. Lo que se suele decir que "el perro es el mejor amigo del hombre", francamente es un error absurdo. Cómo yo como persona voy a tener como mi mejor amigo a un perro o a una perrita, eso es inconcebible desde el punto de vista humano. Que se les cuide, que se les tenga allí en la casa como "compañía"…, pero la verdadera compañía es entre personas.

Siempre que consideramos a las personas como objetos no estamos amando, las estamos simplemente utilizando para nuestro propio consentimiento.

Leí una frase hace mucho tiempo que "es más fácil tratar con mil perros que con una persona", porque una persona te puede decir cosas agradables o desagradables para tu crecimiento personal, un perrito ahí está moviendo la cola y nada más, pero qué te puede aportar a ti como persona, me parece a mí que nada. A las personas hay que tratarlas como personas y dejemos de animalitos que nos pueden resultar muy graciosos, porque ladran cuando le decimos algo, mueven la cola. Sobre esto tal vez ustedes no estarán de acuerdo conmigo pero piensen un poco racionalmente, yo no digo que en la casa no haya una mascota. Hay personas que cuando se les muere su mascota... Asistí a una cena en España con algunos amigos y mi familia y ya regresábamos al carro cuando una señora estaba dando unos gritos, "¿qué le habrá pasado?" , uno se asusta porque siempre se piensa en una desgracia fundamental para esa persona, nos acercamos y resultó que imprudentemente la señora había dejado el perrito en el carro con todos los vidrios de las ventanas cerrados y el pobre perro se asfixió. Esa señora era inconsolable, lo tomaba, lo abrazaba, le daba besos y le decíamos a la señora, el perrito ya está muerto y ella decía no, no, no puede ser, es más creo que lloró más, y ese es un juicio temerario que hago, que si se le hubiese muerto una persona muy cercana a ella. Es inconcebible porque un perro es un perrito, no es una persona.

➢ Para amar hay que estar llenos y no vacíos.

Aquí regreso a la introducción que hacía de este tema. Nuestro interior, nuestro tálamo nupcial, esa alcoba que cada uno de nosotros debemos tener, tiene que estar llena, llena de alegría, llena de satisfacción, llena de buenos sentimientos, llena de valores. Esta palabra, ¡valores!, también está muy manoseada en la sociedad actual, donde cualquier cosa para muchas personas es un valor y sobre todo el valor que más parece ansiamos es el dinero, el tener. No debe ser así, nuestro tálamo nupcial debe estar lleno de valores auténticos, honradez, solidaridad, tolerancia y así podríamos decir una lista muy larga. En el diccionario podríamos encontrar una gran cantidad de valores desde la A hasta la Z. Eso es de lo que debe estar lleno nuestro interior, de tal manera que nosotros siempre nos sintamos como llenos, como pletóricos, satisfechos de nosotros mismos y por supuesto para amar debemos estar satisfechos con nosotros mismos.

> ➢ **Para amar hay que enriquecer ese interior.**

Es lógico que si una persona gasta, al final se queda sin nada, una persona que no trabaje y gaste mucho, como el hijo pródigo, al final se siente dolorido, se siente despreciado y se siente con hambre, ¿hambre de qué?, no de las bellotas que dicen que hasta le negaban cuando estaba allí engordando a los cerdos sino ansioso, con mucha hambre del amor del padre.

Hay personas que están tan vacías que tienen hambre y van como el picaflor, de flor en flor. Los "Don Juanes", por ejemplo, esos que hoy abundan tanto y que de cada flor o de cada mujer o de cada hombre intenta robar para llenar su vacío. La persona que esté llena con una frase de amistad, con una frase de cariño se siente llena, como un vaso lleno que con una gota que se le eche ya se derrama. Sin embargo un pozo sin fondo por mucho que se le llene, nunca estará satisfecho, por eso para amar hay que estar llenos, llenos de amor en uno mismo, para mí también llenos de amor de Dios, por lo creyente que soy, y luego es muy fácil amar a los demás.

> ➢ **Para amar hay que seguir enriqueciendo ese interior continuamente.**

Con conversaciones tiernas con nosotros mismos, con consejos que recibimos de los demás, con ver lo que tenemos cada día que hacer. No andar por la vida con ese axioma que muchas personas tienen "porque se me ocurre", esas personas que obran simplemente porque "se les ocurre" realmente destruyen y se destruyen a sí mismas y se meten en cada problema, impresionante, a veces insoluble y además que envuelven a los demás.

Una pregunta ¿por qué el gobierno tiene que controlar a los descontrolados con sanciones? Esa persona que por ejemplo pone el equipo de sonido en su casa a un volumen impresionante que todos sus vecinos no pueden dormir sino hasta las tres o cuatro de la mañana. Esa persona está vacía, esa persona no tiene nada en su interior y necesita un ruido espantoso que le volverá más bien poco a poco sordo y necesita tener ese volumen, con perjuicio de los vecinos. Si no se introyecta la ley como deber y como derechos de los demás va a ser muy complicado, por eso el que ama tiene que estar rico interiormente.

➢ Para amar hay que amar intensamente a Dios.

Cierto que habrá personas no creyentes, a mí no me gusta llamarles ateos, les llamó no creyentes. Pero el amor de Dios, yo como creyente sí lo creo y lo siento, está en mi corazón. Es mucho más fácil vivir la vida. Amparado por ese amor de Dios, capitulo 4º de la primera carta de San Juan, que se repite tres o cuatro veces Dios es Amor, Dios es Amor, Dios es amor… y yo amo a Dios porque Dios me ama y yo amo a los demás porque Dios me ama. Es como una especie de traslación del amor de Dios hacia los demás, esa persona se siente muy amparada, muy fortalecida.

No es como algunas veces se suele decir que es una alienación, que yo salgo de mí mismo, es que yo no salgo de mí mismo, es que yo siento el amor de Dios en mí mismo y eso a mí me hace fuerte y eso a mí me hace sentir como valiente para vencer precisamente mi egoísmo, salir de mí mismo y entregarme a los demás.

Les invito a que todas estas humildes orientaciones las pongan en práctica. Y a los creyentes que reafirmen ese amor de Dios en sí mismos, el amor de Dios que habita en ese tálamo nupcial. Decía que en este tálamo nupcial es donde mejor se encuentra al Señor porque ahí está, como creador, como fortalecedor, como el valiente que nos empuja.

El machismo es
el asesino de La Ternura.

Ángel Campelo

CAPITULO 8

La Ternura

Hay personas secas, parecen cemento, no tienen nunca una palabra agradable, nunca tienen una sonrisa, sus ademanes son groseros, son bruscos y responden incluso con groserías. Esas personas tienen en su interior una sequedad también, es decir no son tiernas.
Hablar de ternura choca en este mundo materialista, en este mundo donde creemos que lo más importante es el dinero, el construir, el tener, esto también es muy manido, donde todo el mundo habla de que lo más importante es el tener y no el ser. Ese tener se traduce en unas actitudes humanas tan despegadas y tan fuera de nuestra propia interioridad que francamente ya lo escuchamos como llover. En los países machistas creen las personas que el ser tiernas es como descender a un nivel muy bajo en ellas y así tienen que manifestarse como los prepotentes, como los que mandan, los que tienen que someter a los demás. Adicionalmente hay mucha competencia, superficialidad y no miramos las cosas internas de nuestra psicología y de nuestra espiritualidad como debería ser.
La ternura es un sentimiento, por lo tanto habla de madurez. Una persona inmadura no puede ser tierna, una persona desestructurada internamente no puede ser tierna, la ternura habla de madurez. Ese padre de familia que cuando llega al colegio con su niño o su niña de

cinco, seis o siete años o más, adolescentes inclusive y se baja a la misma altura de la cabeza del niño y le da un beso y le da la bendición y le da recomendaciones, ese es un papá y una mamá tiernos. Eso para muchos hombres es decirse "cómo voy a hacer eso delante de los demás, delante de mis amigos, tocando su carita y diciéndole yo te amo", para ellos es algo bochornoso, vergonzoso y más si tiene amigos que no son tiernos, le van a hacer bromas si alguna vez le ven que son tiernos. Eso es ser una persona inmadura.

La ternura es un sentimiento profundo, como decía en párrafos anteriores, se anida en ese habitáculo más íntimo, más profundo de nuestro ser. Es un sentimiento profundo que habla sobre la visión que una persona tiene sobre la vida. Interroga si se tiene o no la certeza, la fe de que esta vida nuestra encierra la capacidad de llegar a ser plenos, la ternura es como un acto de fe en la vida. Eso es profundo, fíjense una persona que considera la vida como lo más rico que puede tener, una persona que considera la vida como una riqueza interior que Dios le ha dado, llega a ser tierna, la mirada sobre la vida no es adusta, no es grosera, no es obrando siempre en contra "para qué nací". Si mis papás me hubieran pedido permiso para engendrarme y para darme a luz y algunos se dicen que prefieren que la mamá hubiera abortado, francamente esas personas no son tiernas.

La ternura es un sentimiento que tienen los que creen en la vida, que en la vida todo es agradable, que en la vida todo tiene interés, que en la vida todo tiene valor. Los pesimistas, los amargados no son tiernos. Imagínense con esa cara de amargura que las personas tienen, y las personas que algunas veces contestan con violencia, esas personas que no ven los valores de los demás y no los alaban, por qué? Porque son amargadas. Parece que su alma está arrugada, está machacada, está ennegrecida, hablando, claro está, metafóricamente, entonces lo que dan por fuera, es decir lo que manifiestan es no ternura o casi violencia.

Los machistas, los materialistas no son personas tiernas. Si además tenemos esa manifestación de Dios mediante nuestra ternura a los demás es mucho mejor. Yo digo que la ternura es manifestar la bondad de la persona y que precisamente nosotros somos bondadosos porque el Señor es bondadoso con nosotros, eso no lo olvidemos.

Una condición para ser tiernos con los demás es tener ternura con nuestra propia persona. Fundamental, queridos amigos y amigas, una persona que sea tierna con ella es tierna con los demás. Una persona que no es tierna consigo misma, que tenga heridas, que siempre esté en ascuas, que siempre está como llevada por la prisa, que siempre está un poquito como llevada por ese desasosiego profundo, no puede ser tierna.

Pienso que nosotros somos los seres de la naturaleza que menos ternura tenemos con nosotros mismos. Hay personas que siempre se están ofendiendo en su intimidad, hay personas que no se aceptan tal y como son, ya sea por lo físico, ya sea por lo social, por lo económico o inclusive por sus condiciones psicológicas ya que siempre se ven al final de la fila. No es que yo siempre tenga que estar manifestando que debo ser el primero de la fila, pero en mi interior yo me tengo que considerar como la persona más importante del mundo para mí mismo, porque si no sería un complejo de inferioridad y esos complejos de inferioridad sabemos que a qué nos puede llevar, a sentirnos miserables y a no sé cuántas cosas más y ahí sí que no podemos ser tiernos.

No se puede ser tierno con los demás si no tenemos ternura con nosotros mismos. La vida humana es tan paradójica que es uno de los males más duros que nos hacemos a nosotros mismos. Qué piensan de ustedes mismos? o de ustedes mismas?, cuál es esa opinión que tienen?, si es lo peor, por favor, cambien, porque nosotros tenemos muchísimas más cualidades, muchísimos más valores que defectos. Como les comentaba en capítulos anteriores tomen una hoja y pongan en ella todas las cualidades, no digan voy a poner primero los defectos, ciertamente tenemos defectos. Tenemos ese soporte humano de debilidad que realmente está ahí. Pero en fin de cuentas es mucho más positivo lo que tenemos, tienen que sentirse contentos, alegres, satisfechos de lo que hacen, de lo que dicen y de lo que piensan. Hay algunas personas que continuamente están dependiendo de la opinión de los demás, por qué? Porque no tienen una opinión propia y se creen que lo que ellos piensan, lo que ellos hacen es lo peor y no es así, lógico que tiene que haber una especie de discernimiento objetivo para saber si lo que hago es positivo o negativo, adecuado o no adecuado. Pero dentro de ese discernimiento mirar mucho más lo que a mí me valoriza que lo que me rebaja, es mucho más aquello que yo puedo aportar que lo que no

puedo aportar y por eso, repito es una condición fundamental el valor, la opinión, la autoestima que tenemos de nosotros mismos, precisamente para ser tiernos.
Decía en un párrafo anterior que la ternura nace de esa conversación tierna que tenemos con nosotros mismos, el aceptarnos tal y como somos, el creer en nuestras propias posibilidades, en nuestras propias cualidades. La ternura se hace de una conversación de acogida con nosotros mismos, esto es muy importante. La vida humana es tan paradójica que uno de los males más duros y más extendidos es el que nosotros nos hacemos nosotros mismos. A pesar de nuestros defectos ser tiernos con nosotros mismos y eso solamente podrá hacerse en una conversación amistosa con nosotros mismos, conversación hecha de acogida, aliento y de aprecio. Si no nos apreciamos no nos apreciarán los demás, si continuamente nos estamos recriminando que no hacemos nada bien y es lógico que todo esto viene desde nuestra infancia, porque si en nuestra infancia siempre estuvimos escuchando insultos, "que no vales para nada, que tú eres así", es cierto que tal vez nuestra psicología esté muchas veces afincada, enraizada en esa penuria, en lo que no tenemos, pero una vez siendo conscientes de lo que nos pasa tenemos que cambiar el "chip", tenemos que cambiar nuestra mirada hacia nuestro interior y convencernos y vivir como que somos de un gran valor, como decía antes, somos para nosotros mismos las personas más valiosas.

Les propongo esta pequeña técnica, súbanse encima de una silla y repitan, si puede ser en altavoz,

Yo soy para mí

la persona más importante

del Mundo.

Y se convenzan de eso. Es muy difícil subirse por supuesto si le piden hacerlo delante de la gente o delante de sus familiares, no se van a atrever e inclusive si alguno se lo propone "vamos sube a la silla", tal vez aquellas personas que no se valoran se dirán a sí mismas en ese momento "trágame tierra". No se puede vivir así, con el "trágame tierra" no se puede vivir. Uno siempre tiene que ser dueño absoluto de sí mismo, conocimiento personal muy profundo y considerarse como personas que conversan consigo mismas con acogida, aliento y aprecio. Tenemos nuestros fallos, pero esos fallos no van a destruir todo lo que se ha construido, esos fallos no van a pesar mucho más como un lastre psicológico que ahí tenemos para no ser personas que salen de sí mismas y se enfrentan con la propia realidad y la realidad externa y siempre salen victoriosas. Insisto en ello, ¿cómo puede una persona sentir ternura por otra o por todas las criaturas, por la naturaleza que hay en la tierra si no consigue sentirse tierna consigo misma?.. Pregúntenselo.

La ternura no es un sentimiento de segunda categoría, es algo muy recio y muy difícil de conseguir y por eso está cercana al respeto. Una persona que no se respete no es tierna, es decir el respeto es conocerme a mí mismo de tal manera que yo siempre promueva y me instale en mis valores, en lo que quiero conseguir, en mis metas. Hay que lanzarse realmente a lo máximo en esta vida y poner en función de mi vida todas las potencialidades, todas las cualidades que yo pueda tener, eso es lo fundamental, y así se crece. Ir consiguiendo con mi voluntad, con mi actividad, con mi dominancia, con mi sociabilidad todas las metas que me propongo, lógico hay metas que son inalcanzables para muchas personas. Por ejemplo una persona que mide 1,60 mts. y se ponga como meta ser jugador de la NBA, pues no, uno tiene que conformarse con las posibilidades que posee, pero todas esas posibilidades siempre superan por mucho lo que pensamos de nosotros mismos.

Reitero, la ternura es algo muy recio y está cercana al respeto al considerarme tal y como soy y poner todo eso que yo soy en acto, es decir pasar de la potencia al acto según lo decía nuestro filósofo Aristóteles. El respeto brota de una mirada benevolente y conecta con el corazón, perder el respeto no es solamente incapacitarse para la ternura sino que es iniciar el camino del desamor personal y hacia los demás.

Ternura, está muy conectada con la amistad, está muy conectada con el amor, está muy conectada con la ternura que Dios tiene hacia nosotros. Si ustedes se fijan cómo son las actitudes de Jesús en el Evangelio, son de ternura. Son primero, de considerar a las otras personas tal y como son, por ejemplo en el episodio de Zaqueo. Zaqueo era una persona marginada, era una persona criticada, era una persona vilipendiada por ese oficio o profesión que tenía: recoger los impuestos de los judíos y entregarlo a los romanos, lo tenían como vendido, como traidor, sin embargo Jesús independientemente de lo que pase, se acerca y le dice: "baja, que hoy voy a estar en tu casa", eso es ternura. Es como el caso de las prostitutas, todo el mundo las crítica, pero se las utiliza como objetos no como personas. Sin embargo Jesús a María Magdalena fue a la primera que se le apareció después de resucitar. Vemos que Jesús siempre está conectado a las personas con ternura y esa ternura desestabiliza a los demás y piden que Jesús haga vida de su vida y ellas de la vida de Jesús.

Han podido observar que este tema de la ternura es muy importante. Por ejemplo, ¿son ustedes tiernos con sus hijos?, con las amistades ¿son tiernos?, ¿son tiernos con su pareja?, y en general ¿con las personas que nos rodean en el trabajo?. Existen personas que nos llaman la atención por esa cara de satisfacción tan íntima, tan completa, que decimos, "esta persona dónde vive, yo quisiera ser como ella". Imagínense los adolescentes siempre exigen y necesitan modelos para ser y como sus padres en muchos casos no son modelos a seguir recurren a ser como otras personas que no tienen nada que ofrecer, nada para ser modelos de vida, ni virtuosas, ni elegantes o sin madurez. Dios quiera que estas palabras caigan en ustedes como un rocío de la mañana que les invite a cambiar, les invite a tomar otro rumbo, porque el que se lo propone sí lo consigue.

El machismo es el asesino de la ternura. Piénsenlo y comprobarán que es verdad.

Bibliografía, Revista Vida Nueva. Número: 2.301
Autor Fidel Aizpurúa Donazar.

Ángel Campelo Campelo con Omar Pedroza

"Te amo porque te necesito, amor inmaduro

Te necesito porque te amo, amor maduro."

Erich Fromm

CAPITULO 9

El Noviazgo.

Yo sé que lo que voy a tratar en este tema para muchas personas no tiene importancia porque parten del supuesto de que realmente son maduros para llevar una relación de noviazgo y sin embargo sí habrá otras que tendrán deseo de conocer un poco más sobre este tema que les deseo compartir, pues creo que es fundamental en el noviazgo lo que ya después será un hogar como pareja. Les podrá ayudar mucho.
A nivel teórico, a nivel de cabeza seguramente lo aceptarán pero después en el plano práctico, de relación, les va a costar porque la afectividad en esos momentos iniciales o en esos primeros pasos del noviazgo está bastante descontrolada.
El noviazgo se puede definir como "esa etapa fundamental en la que dos personas se dan un tiempo para llegar a un conocimiento profundo y poder discernir si serán capaces de acompañarse toda la vida y entre ese yo y ese tú formar un nosotros mediante un proyecto común".

Primero enunciaré cuáles son los pasos o niveles que deben seguir las parejas cuando inician una relación afectiva.

- ✓ Primer nivel.   La Atracción Física.
- ✓ Segundo nivel. El Conocimiento Superficial.
- ✓ Tercer nivel.   Conocimiento Profundo.
- ✓ Cuarto nivel.   Canjeo de soledades
- ✓ Quinto nivel.   El Amor Maduro.

➢ La Atracción Física

Toda relación afectiva comienza por una atracción física, eso es fundamental. También llamado enamoramiento. Ya se pone una cosa clara, la atracción física o enamoramiento no es el amor maduro. Yo no digo que no haya amor, los adolescentes se empeñan y ya desde el momento de conocerse, se escriben cartas, correos, mensajes de texto y todo aquello que hoy en día la tecnología de comunicación les permite y ya se dicen que se aman, que se aman, que se aman... yo no critico pero tienen que ser conscientes que sobre esa atracción física no se puede mantener una relación duradera. La atracción física es fundamental, dado que es un primer impacto donde un muchacho ve a una muchacha o una muchacha ve a un muchacho y no sé por qué cosas "se le metió por los ojos", llegó al corazón, convirtiéndose en el rey o la reina de su vida, esa persona cambia todo para él o cambia todo para ella.

La muchacha que está en una fiesta y ve a un muchacho, casi sin conocerlo y muchas veces no lo conoce y se sintió impresionada por la mirada, por su forma de hablar, por sus ojos, es decir por su físico, no lo conoce de nada pero hay un impacto afectivo muy fuerte. Y lo mismo suele suceder con el muchacho. Si es que no le conoce consultará con alguno de sus amigos o amigas, "le conocéis, conoces a aquel muchacho, preséntamelo, preséntamelo..." porque hay ya una necesidad impresionante de contacto, eso es positivo. Ratifico que es importante esta atracción física. Algunas mamás se empeñan que cuando ha aparecido en la cuadra o en el barrio un muchacho nuevo y que le impactó y "se lo quiere meter por los ojos a la hija", y a la muchacha no le atrae físicamente y por esa razón no es capaz de dar el salto para un contacto afectivo ya más profundo.

La atracción física entre los jóvenes les cambia la vida, esa persona se convierte en sus sueños, sus pensamientos, es lo primero que piensa

al levantarse y lo último antes de ir a dormir, pareciera que tienen una necesidad de contacto, de hablar, de buscar y si es que comienza a tener una relación afectiva se mandan mensajes, cartas diciéndose que se aman hasta el infinito, hasta podríamos decir que llegan al punto de que "con pan y agua estarían toda la vida". Esto es romántico, no real.
Hay teorías sobre esta etapa de enamoramiento o en la atracción física y entre las más importantes encontramos dos teorías.
Una considera que estar enamorado es mirar a la otra persona sólo desde los valores ideales, es decir desde lo platónico. Sabemos que Platón no consideraba a las cosas que tenemos alrededor ni a nosotros mismos como cosas reales sino simplemente eran recuerdos del mundo de las ideas donde vivíamos y que ahora proyectamos. Por ejemplo esta mesa o este computador que tengo aquí adelante no es real es el recuerdo. Por ello esta primera relación del enamoramiento es como una relación platónica, es decir que este muchacho al encontrarse con esta muchacha no la considera real, no la considera auténtica en sí misma sino que proyecta el sentido ideal de la mujer, que según Platón, teníamos en el mundo de las ideas y exactamente igual con las muchachas, que desde el momento que ve al muchacho lo considera como el hombre ideal como recuerdo de esa proyección que tenemos según Platón del mundo de las ideas, por ello esta teoría considera que el enamoramiento es como una especie de farsa que no llega a lo profundo de la persona
Una segunda teoría y que rechaza la primera dice que el enamorado no idealiza, no vive engañado por la persona que admira sino que la va descubriendo. Pero considera el enamoramiento como "una anomalía de la atención", es decir pone la atención en la persona de la que está enamorado y todo lo demás no le interesa y por supuesto su concentración es única y exclusiva.
Cuántos adolescentes a partir de cuando se ennovian con un muchacho o muchacha pierden interés por el estudio, inclusive pierden el año escolar. Están como idos, están como extasiados y simplemente piensan a ver cuándo pueden salir de casa para encontrarse con esa otra persona. Ellos suelen decir muchas mentiras en la casa porque sienten esa necesidad imperiosa que todo lo demás desaparece.
Dada la práctica psicológica que he vivido con muchos adolescentes

hay que darle a estas dos teorías la medida que tienen, es cierto que un alumno o alumna, muchacha o muchacho cuando descubren a ese muchacho o muchacha lo convierten en sus sueños y no ven nada de él tal y como es, sino que lo idealizan, pero tampoco todos los adolescentes caen en esa postura de que nada les importa, ni el estudio, ni el trabajo, ni estar en casa, ni sus papás, aunque en algunos casos sí, pero en la mayoría de los adolescentes, es cierto que desean estar con esa persona que conocieron y a quien quieren, y dicen a quien aman, de la cual están enamorados. Pero se mantienen en una línea de compromiso con el estudio, con lo que tienen que hacer, con lo que tienen que aportar en la casa y si están trabajando tampoco desechan ni olvidan el trabajo responsable que saben que tienen que hacer a diario.

Considero que la atracción física o enamoramiento es fundamental para dar los primeros pasos hacia una profundización del amor en el noviazgo, pero sabemos que no es un amor consistente, se podría asegurar que se basa en una frase:

Te amo porque te necesito.

Regularmente el adolescente necesita una persona con quien hablar, a quien contarle sus secretos, sus temores, sus problemas, y encontraron a esa persona que los escucha, y "la ama porque la necesita", es un amor inmaduro. Es exactamente igual que si a un niño de tercero primaria, por haber aprobado su curso sus padres le regalan una patineta, esa patineta la necesita precisamente para jugar y la cuida y que si un día se dio un golpe y la pintura se le cayó, inmediatamente le pide al papá que la arregle, "la ama porque la necesita". Pero resulta que en quinto primaria el papá le regaló una bicicleta, esa bicicleta ya consiste para él en "su amor", la cuida, la engrasa, ¿por qué?. Porque puede con sus amigos jugar toda una tarde o un fin de semana, es decir la ama porque la necesita. ¿Y qué pasó con la patineta?, pues que ya se olvidó de ella, y la manda al baúl de los recuerdos y ni se preocupa. Sigamos un poco más, después le regalan una moto, la bicicleta ya desaparece de sus intereses y se involucra con la moto, eso es lo que le pasa a muchos adolescentes. Hablando con algunos de ellos les pregunto: ¿cuántos novios has tenido? y responden muchos, ¿cuántos? seis o siete, hay alguno que no, pero pasan y cambian de "amor" según las circunstancias.

Normalmente a la persona de la cual están enamorados no se le da la categoría de persona sino objeto, esa persona en este momento para ellos es lo más importante y resulta que se encontraron con otra persona, para no llamarlo objeto, que les parece más perfecta y se olvidan de aquella y pueden o intentan entablar otra relación. Aquí las personas que más sufren son las adolescentes, porque ellas se entregan en cuerpo y alma a esa relación y el muchacho es más racional, más seco y entonces en el momento que encuentra, repito a otra persona, a otra muchacha que les parece más atractiva se olvidan de la primera y viene el desconsuelo, la insatisfacción de sentirse engañada. También hay casos con los muchachos los cuales sufren lo mismo cuando la muchacha los dejó y ahí caen en bastantes frustraciones y hay que ayudarles. Y los papás tienen que estar muy atentos a la reacción de ese hijo o esa hija ante un problema afectivo porque rompieron, "las o los echaron". Puede llegar algún momento que por despecho afectivo se sienten tan desamparados que pueden llegar a la autoeliminación, por eso es muy conveniente que el papá y la mamá estén pendientes de cómo va esa relación para ayudarles, no para cercenar, no para prohibir sino para educar diciéndoles que la atracción física es el primer paso de un noviazgo y que no le den una categoría absoluta de que aquello va a ser para siempre.

Para concluir este nivel debo decir que la atracción física es fundamental, es algo muy importante para pasar a dar los pasos convenientes hacia una relación amorosa de amor maduro y que realmente pueda terminar en una formación de pareja.

> **El Conocimiento Superficial.**

El siguiente nivel después del enamoramiento lo llamo "el conocimiento superficial". En esta etapa la pareja no se conoce uno al otro, aunque ellos digan que sí, pero en algunas ocasiones cuando viene un adolescente todo feliz a decirme "padre, yo tengo novio o novia y lo amo o la amo", procuro bajarles a la realidad; les presento un papel y un lápiz y les pido "escríbeme veinte cualidades de esa muchacha o muchacho" y ahí se extrañan y dicen " nunca lo había pensado" y entonces empiezan a decir lo que siempre cualquier persona dice, que es sincera, detallista, alegre y pare de contar, eso es lo que normalmente se escucha como tópicos normales que regularmente utilizan muchas personas para describir a las otras. Entonces le digo, "se ama lo que se conoce, yo no critico que no lo conozcas, pero no le des categoría de amor a algo que no conoces, porque es un axioma psicológico: se ama lo que se conoce". Una de las características del amor maduro es el conocimiento profundo de la otra persona y se quedan un poco preocupados y les digo "no te preocupes, que vuestras conversaciones a partir de ahora sean ya más serias, ya sean de profundización en lo que es la otra persona, lo que piensa sobre la vida, lo que piensa sobre el trabajo, lo que piensa sobre el estudio, lo que piensa sobre el matrimonio" y allí se asustan un poco y bajan el nivel de confiar totalmente en ese amor, de confiar y darle categoría absoluta de amor maduro y a partir de allí pueden comenzar una relación supremamente positiva, pero hay que hacerles caer en la cuenta de eso.

El papá y la mamá que vean a su hijo o hija "demasiado" enamorados, estos adolescentes están fundamentando esa relación en un desconocimiento de la otra persona. La verdad se dan casos donde he tenido primero que escuchar con mucho amor a la persona que me lo cuenta y segundo con mucha tranquilidad con el fin de desmitificarles que eso que sienten no es amor maduro. Veamos algunos casos:

El caso de aquella muchacha sin dar nombres en particular que viene toda feliz diciéndome que tiene novio y que lo ama y que van a dar los pasos ya casi, casi para el matrimonio. Me contó ciertos detalles del muchacho y a mí se me puso como dice el dicho "la mosca detrás de la oreja" y le dije "a mí me parece, niña mía, que tienes que pensarlo, a mí me parece que este muchacho te quiere engañar, porque él está en plan de conquista, se pone muchas máscaras y tapa todo aquello que le puede perjudicar en la relación, tal como decir realmente dónde vive". Al parecer vivía en casa de una tía. Le manifesté que se acercara a la casa de esa tía para que le cuente la vida de este muchacho. Se acercó allí y ésta le contó que el muchacho había venido a vivir de otra ciudad y que en esa ciudad él ya tenía esposa con tres hijos y ahora donde vivía tenía otra muchacha embarazada e iba detrás de la tercera. En el momento en que la muchacha escucha esto y se da cuenta de quién era esa persona, rompió la relación. Muy seguramente para este hombre esa muchacha era un trofeo, un trofeo más de caza. Porque realmente hay personas

que sí están cazando muchachas ingenuas.
Entre otros casos que puedo comentar, tal como aquella muchacha que tiene un novio "que tal y que cual" y le pregunto ¿y cómo es él?, ¿estará casado?, porque para la edad que tiene es para que ya estuviera casado. Ella contesta "No padre, me ha dicho que es soltero". Resulta que un día estaba yo en el patio del colegio y se presentó una señora con un niño en brazos y una niña de tres o cuatro años de la mano y me dice "padre yo quiero hablar con usted", fuimos a la rectoría y allí me dice "una alumna de este colegio está saliendo con mi esposo", entonces pregunto si sabe cuál es el nombre de la muchacha y resulta que era la misma con la que había estado hablando anteriormente y que me decía que tenía un novio y que era soltero, etc. Le manifesté a la señora sobre lo que podíamos hacer, pero antes le pedí que necesitaba que ella reaccionara con mucha tranquilidad y madurez y no me armara un escándalo en el colegio. Llamé a la muchacha para que lo hablaran delante de mí. Salí con la señora y fui al salón de clases de la muchacha y le pregunté "tú conoces a esa señora" y me confirmó que no. Le expliqué que esa era la esposa de "ése que te dice que te ama mucho y que está soltero". La conversación fue amistosa, muy madura, muy respetuosa y la muchacha se dio cuenta de que había sido engañada. Quiero decir con estos ejemplos que no se conocían.
Por lo tanto es necesario como pueden darse cuenta padres de familia y adolescentes en muchas ocasiones la relación en esta primera etapa de conocimiento superficial se fundamenta en muy pocas bases interpersonales sinceras y veraces. Es necesario quitarse el velo que no les permite llegar a la otra persona profundamente.
Comentando algo sobre esas personas que se conocen en Internet que aparecen como muchachos jóvenes, apuestos y con una cantidad de trabajo y con gran cantidad de dinero y empiezan a conquistar a muchachas incautas, porque realmente hay muchachas incautas, se creen todo lo que una persona desconocida le dice, ¿quién es?, Muchas veces solamente chatean sin imágenes y no aparece quién es la verdadera persona, qué edad puede tener, yo recomendaría a los padres de familia que cuiden mucho el uso del Internet, no solamente por el uso de la pornografía sino por estos engaños de noviazgo que dicen y que realmente existen, donde inclusive se arreglan citas para conocerse y la desilusión de las muchachas es por supuesto muy

grande. Hay casos ya muy conocidos donde la adolescente ha llegado hasta el suicidio.

Ese conocimiento superficial no da paso o firmeza para una relación afectiva profunda, tienen que pasar hacia otros niveles adicionales que veremos posteriormente.

Qué es lo que puede pasar en estos dos primeros niveles de la formación de una pareja. Se dan cinco situaciones problemáticas alguna de ellas muy grave.

Primera problemática: **Los Celos**

Los celos, son muy comunes tanto en la como en el adolescente. Los celos se imponen en esta etapa de la relación, ¿por qué? Porque todavía no hay confianza y él o la muchacha intenta acaparar toda la atención de esa otra persona a la que dice que ama y la esclaviza.

Es lógico, es un objeto que quiere para sí mismo, solamente es lo físico es decir es la atracción física. No quiero decir con esto que no se vayan descubriendo poco a poco los valores morales, éticos, espirituales, sociales, intelectuales, pero normalmente en estas dos primeras etapas es un conocimiento superficial y lo que se impone son los gestos inclusive los eróticos que perjudican mucho. Para no perder esa persona le prohíbe todo contacto con los demás por si acaso alguien se la reconquista y lo deja, ésos son los celos.

Los celos están emparentados con la envidia. Philipp Lersch en su libro "La estructura de la personalidad" nos habla de los celos.

"Los celos están emparentados con la envidia y surgen de un apetito de posesión y de una exigencia egocéntrica, pero no se trata puramente de una reacción de susceptibilidad y de ofensa, sino esencialmente de una perturbación del deseo de tener para sí y por tanto la tendencia del egoísmo".

Hay personas que se sienten genial porque las celan y dicen "si me celan es porque me aman", eso es mentira. Una persona que cela no ama, simplemente esclaviza, simplemente considera a la otra persona como un objeto de su propia complacencia y que no le interesa nada sino simplemente le interesa acaparar.

Veamos un caso de una muchacha: "me dice que tiene novio, tienen una relación afectiva, pero ha llegado hasta tal punto de sufrir los celos del otro que inclusive le ha quitado a todas sus amigas, no le permite hablar por supuesto con sus amigos", esa persona ya se siente ahogada, ¿qué hacer? Inclusive piensa dejar la ciudad para ir a otro lugar a respirar otros aires, donde se sienta ella misma, lo único que se le puede decir es que este muchacho es supremamente anormal, "tú no le digas ni que te vas, sino solo evapórate de la ciudad", porque en algunos casos son capaces de aniquilar a la otra persona o atentando contra ella en casos tales como echándole ácido en la cara o inclusive con un ataque brutal que puede llegar hasta el homicidio. Esos son los celos.

Contrastemos amor maduro con los celos:

Contrastemos Amor Maduro con los Celos			
Amor	Dar	**Celos**	Recibir, Poseer
Amor	Confianza	**Celos**	Desconfianza
Amor	Persona sujeto	**Celos**	Persona objeto
Amor	Respeto	**Celos**	Irrespeto
Amor	Conocer	**Celos**	Desconocer
Amor	Cuidado	**Celos**	Que me cuiden
Amor	Libertad	**Celos**	Obsesión, Esclavitud

Cuando se lo digo a los muchachos (les explico este tema del noviazgo durante más o menos 1:30 horas) y se quedan espantados porque tienen que reconocer ellas y ellos que son celosos. Cómo es que se procura quitar esta maldad de los celos que muchas veces es tan monstruosa y tan imperante en la relación. Les digo que vayan mirando a la otra persona como persona, mirando a la otra persona como un ser libre, mirando a la otra persona como alguien en quien puede confiar, mirando a la otra persona, con confianza. La libertad y la confianza en la otra persona es la única forma de ir superando toda esta sensación de celos que muchas veces dicen ellos que son síntomas de amor, pero no, simplemente no pueden ser síntomas ni manifestación, ni clarificación del amor, son más bien una patología, repito es una patología psicológica que hace que las personas celadas no crezcan, sean esclavizadas y por supuesto no eleven ellas mismas su autoestima.

Segunda problemática: Las Máscaras

Otra situación un tanto peligrosa que puede darse en estos dos primeros niveles del enamoramiento y el conocimiento superficial son las máscaras. Ustedes recuerdan que cuando eran novios que muchas veces no decían las cosas como eran, no se manifestaban en toda su forma de ser y recurrían a mentiras, por ejemplo ¿dónde has estado?. Y resulta que el bus siempre tiene la culpa, sea que no se llegue puntual a una reunión o un encuentro y algunos hasta exageran diciendo que se varó y "hasta tuvimos que empujarlo". Esas son máscaras y más máscaras. ¿Por qué? Porque además es una situación que responde a una cuestión psicológica.

Es lógico que ese cuerpo, esa atracción física es muy fuerte, entonces ¿qué es lo que sucede? Ellos razonan:

"si es que se entera como soy, si es que yo aparezco tal y como soy delante de él o de ella, igual me deja".

Esto genera tal susto que recurren a mil artilugios para no mostrarse tal y como son. Ese temor lleva a las personas enamoradas a que se pongan una máscara, que no aparezcan tal y como son, esas personas se muestran en la superficie y en muchos casos llegan a una actitud de mentira y de apariencia diciendo por ejemplo que no están casados, que no tienen hijos y muchas más mentiras. Están tratándose como un objeto de pura complacencia y eso no hace avanzar en la relación afectiva en sintonía, en claridad personal, en manifestación de lo íntimo, de lo profundo que tienen. Inclusive hay personas que dicen que están estudiando y no lo están. Aparecen algunos con unos títulos académicos y profesionales y hay alguien que aparece con una riqueza extraordinaria y la verdad no tiene ni una bicicleta y la muchacha o el muchacho se obnubilan con esas mentiras. No quiero decir que constantemente se esté desconfiando de lo que la otra persona dice, pero si recurre a cosas que tal vez se sospecha que no son reales el muchacho o la muchacha tienen que investigar. Por ejemplo con respecto a que el muchacho es mayor que la adolescente de 17 ó 18 años, pero tal vez tiene algún hijo, eso tiene que aparecer.

Me he encontrado con algún caso de una muchacha que se casó y al mes y medio de haberse casado me dice: "yo no lo conozco, mi marido no es como yo lo conocí cuando era novio, era muy amable y ahora resulta que tiene un mal genio, era humilde, era detallista y ahora nada", ¿qué había pasado?, pues que la actitud de ese muchacho con ella había sido de aparentar para tener la relación. Yo le explicaba, "ahora procura realmente acercarte a él para conocerlo mejor, no es que tú ya te desbarates y te marches a casa donde tu mamá porque te engañó, no. Sino que procura darle a entender que realmente no lo conoces, pero que le quieres conocer y que él tenga también la misma actitud positiva hacia ti". A partir de ese momento parece que sí lo hicieron, pues ya llevan alrededor de 25 años casados.

Tercera problemática: **Convertirse en Amantes.**

Otra situación peligrosa es que estos adolescentes se conviertan en amantes sin tener ninguna preparación, sin mirar al futuro, sin mirar ninguna consecuencia y así vemos cómo crece cada vez más el embarazo en las adolescentes y las niñas son las que se llevan la peor suerte. En los medios de comunicación tal como los periódicos, por ejemplo en Colombia en este momento se tiene la estadística que el 19% de las adolescentes quedan embarazadas. No se habla para nada de los adolescentes que las embarazaron o de las personas mayores que las embarazan también. Eso hay que atacarlo, porque la relación genital fue mutua, entonces ¿por qué queda desplazada la responsabilidad de los varones adolescentes o de aquellos que las embarazan y hacer recaer toda la responsabilidad sobre las adolescentes?.

Hay una frase que se dice en ciertos países y que deseo comentar. El joven adolescente comenta con sus amigos "ya tengo novia" y continuamente éstos le están preguntado ¿y qué?, ¿cuándo? y muchos, más temprano que tarde le proponen a la muchacha que le "dé la muestra de amor" y ¿qué muchachas acceden?, son aquellas que tienen un vacío afectivo, nunca han escuchado frases, "te amo, te quiero, tú eres genial, tú eres extraordinaria, tú eres la vida de mis sueños," etc. Nunca han escuchado eso en la familia. Ellas ante cualquiera que se presenta con esas frases, se quedan en suspenso y se preguntan ¿será o no verdad? Y por no perder a esa persona que dice que la quiere tanto, son capaces de inmediato pasar ya a la relación genital y comenzar una relación que puede traer muchos problemas en el futuro.
¿Qué decir ante esta situación? Ante este evento hay que tener mucho cuidado, no todo el que se te acerca diciendo que te quiere es sincero, no te puedes fiar rápidamente de escuchar todos los halagos, además de que te lo dice románticamente, no puedes confiar, son halagos, no son realidades. El amor se manifiesta de muchas maneras pero no solamente dando la prueba de ese amor.
Estas relaciones entre adolescentes normalmente se llaman relaciones prematrimoniales, pero no es así, porque esos dos jóvenes de 14, 15, 16 o 17 años nunca han pensado en casarse. Una relación prematrimonial sería en todo caso esa relación genital que se tiene cuando ya se ha pensado en el matrimonio. Yo no voy a dar aquí un juicio ético ni moral porque no estoy hablando sobre teología en este momento sino psicología, pero los adolescentes tienen que pensar seriamente que una relación genital nace de un amor y no nace de un gusto, no nace de una satisfacción placentera, sino que nace del amor y que cualquier relación genital que no nazca de una relación sexual amorosa, se convierte en una relación, perdón por la palabra, animal, eso es lo que psicológicamente se puede decir, una relación sexual como una comunicación, como una transparencia, un compartir la vida tiene que ser el origen de una relación genital.

La pregunta es: ¿dos adolescentes de 14, 15 o 16 años están suficientemente maduros como para tener relaciones genitales fundamentadas en una relación sexual amorosa? Esta pregunta la tiene que responder cada uno y según las respuestas que se dé así mismo que actúe.

Hoy los padres de familia en muchos casos están cometiendo algún error. Esa niña que llegó a la casa hablando del novio y que ha tenido relaciones genitales, esto es positivo porque indica que hay confianza y los padres de familia se asustan de tal manera que ya la llevan a algún lugar para que allí les pongan la inyección, etc.

El papá o la mamá responsables tienen que educar a esta adolescente que ya tiene relaciones genitales con su novio. Deben educarla, porque el problema para ellos es que esta muchacha quede embarazada, que se presente un día en que no tiene la menstruación y que debe hacerse el examen y sale positivo. Primero que estas muchachas se asustan muchísimo. He tenido que hablar con muchas que vinieron con confianza, "padre, creo que estoy embarazada". Yo mismo las he llevado a un laboratorio clínico y ha salido positivo, pero también en muchos casos no están embarazadas y desde el momento en que ven el negativo del examen, afirman que no volverán a cometer otra torpeza "como la que cometí", y dicen, "es que ese muchacho me tenía tan obsesionada" y después de la relación genital quedan con tanta culpabilidad y con tanto miedo de que puedan quedar embarazadas que la misma menstruación se les trastorna y puede demorárseles hasta un mes.

El papá y la mamá responsables no tienen que invitar a su hija y a su hijo accedan a empezar tan temprano en una relación genital. El convertirse en amantes quita un poquito el misterio, quita el respeto y por otra parte muchas veces los adolescentes no son respetuosos en esa primera relación y se da el caso de que muchas mujeres son frígidas, es decir que no tienen ningún placer en la relación genital, precisamente porque su primera relación genital fue algo que no se lo esperaban, algo que las preocupó mucho y viven en una frustración que se introyecta tanto en su psicología que las perjudica durante toda su vida y las convierte en personas frígidas. Una relación genital es para que los dos, tanto el hombre como la mujer, lleguen al orgasmo y si es que no llegan, algo pasa en esa relación, puede ser miedo, culpabilidad, etc. Y me he encontrado con bastantes mujeres con este problema psicológico, que no es físico sino psicológico y se remontan a las primeras relaciones genitales que tuvieron en su adolescencia que no quedaron satisfechas y pensaron que siempre tendría que ser así.

Cuarta problemática: **Posible Embarazo no Deseado.**

Otro posible riesgo en estas dos primeras etapas es el embarazo no deseado. Porque por mucho cuidado que se ponga, tal como la inyección, la pastilla, la píldora del día después, etc. "tanto va el cántaro a la fuente que al fin se rompe". Aparte de que hay una cosa muy curiosa, los muchachos no quieren cuidarse, no recurren al condón ni mucho menos y que sea ella la que cargue con todas las consecuencias y además como son tan improvisadas estas relaciones genitales que algunas veces ellos ni las buscan, sino que se presentó la ocasión. Por ejemplo, están en casa solos los dos y casi sin querer, como ellos mismos lo manifiestan, tienen relaciones genitales y " ni nos dimos cuenta".

Aquí se conjugan algunas cosas que psicológicamente y fisiológicamente concuerdan. Las mujeres saben que tres o cuatro días antes de la menstruación, es decir que están en ovulación, realmente tienen una necesidad de cariño, una necesidad de abrazos, una necesidad de que alguien las mime y las consienta. Es decir que el óvulo está en las trompas de Falopio y es el momento propicio para quedar embarazadas. Qué es lo que pasa: supongamos que además tuvo un disgusto enorme con su mamá o que tuvo una mala nota en el colegio o cualquier otra situación de preocupación, es decir que se conjugaron varias circunstancias como para decir "quiero que me quieran, deseo que me abracen" y esa muchacha tiene novio y llega el novio y se sientan y en la casa no hay nadie o simplemente salen a pasear, y la muchacha pide ser abrazada y besada, el muchacho corresponde y comienzan por unos juegos eróticos que pueden terminar en algo definitivo y sin darse cuenta llegan a una relación genital.

Esto no es atmosférico lo que les estoy participando, es algo real, porque estas historias las he escuchado muchas veces y les he preguntado a las muchachas "¿y tú no te dabas cuenta que estabas en ovulación?". Normalmente no tienen interés, ni sabiduría, ni conocimientos suficientes porque no han visitado al médico o en el colegio no se les ha explicado nada. En muchas ocasiones he presentado a los muchachos desde el quinto primaria hasta 11° alrededor de 100 diapositivas explicando de forma clara, con verdad y de manera científica todo lo referente a este tema, siempre dándole el sentido profundo del cuerpo, de la sexualidad y la genitalidad. Después de esta charla se recibe mucha retroalimentación de parte de los alumnos donde manifiestan que de ese tema no tenían ni idea o poseían ideas erróneas y confusas y que ahora tienen una idea más clara y precisa sobre el papel que ellos juegan en el manejo responsable de su sexualidad y genitalidad.

En un párrafo anterior exponía que unas estadísticas en Colombia presentaban que el 19% de las adolescentes entre 14 a 16 años quedaban embarazadas. Cuando llega la muchacha y manifiesta "estoy embarazada" y en muchos casos hay acogida por parte de sus padres y son dignos de llevar el nombre que llevan "padres y educadores", que aman, que amparan, que sostienen. Esa tendría que ser la reacción de todo padre o madre consciente de sus obligaciones de padre y madre, pero en otros casos se producen muchos problemas y normalmente, perdón por esta alusión, son madres y padres que tuvieron a esta hija en condiciones similares, es decir en una relación antes del matrimonio, entonces estos padres ven frustradas todas sus ilusiones de que su hija no repitiera lo que ellos hicieron y se convierte en una carga. Hoy en día en los colegios se les da acogida inclusive por ley que no pueden retirar a ninguna niña que quede embarazada del sistema educativo y gracias que, al fin, llegó porque anteriormente en ciertos colegios, hay que decirlo, religiosos, se les daba una mala acogida.

¿Cómo reaccionan algunos muchachos al saber que su novia está embarazada? Los machistas le preguntan a su novia. ¿Y cómo quedaste embarazada? Como si él no tuviera nada que ver y como si él no tuviera la responsabilidad de ese embarazo. Y hay otros que proponen la solución: "te doy plata para que vayas a una clínica y abortes" y ahí sí que estamos más complicados. Inclusive hay papás que obligan a sus hijas, por el prestigio social, por el que dirán, a abortar. No voy a entrar en los detalles del aborto, pero padres y madres de familia nunca obliguen a su hija a abortar y si se dan cuenta que el muchacho intenta hacerla abortar intervengan para que ese niño sea querido dentro de la familia. Esa adolescente sea acogida con los brazos abiertos y mostrar ese cariño ese amor a esa joven dándole la confianza de que siempre se le va amparar.

En algunos casos el adolescente padre desaparece o deja de lado toda la responsabilidad.

Quinta problemática: **Precipitación para Convivir en Pareja**

En estas dos primeras etapas del noviazgo pareciera que la pareja no ve el momento de lanzarse a "asegurarse" la felicidad, y van a convivir ya sea casándose por un matrimonio eclesiástico, civil o unión libre. Puede ser que esa convivencia siga un camino de profundización en el conocimiento mutuo pero muchos casos terminan en fracaso como podemos colegir de una lectura de la historia donde tantas separaciones se dan al poco tiempo de convivir.

➢ EL Conocimiento Profundo

Esta etapa o nivel del noviazgo es fundamental para la futura vida de la pareja. Cada uno debe abrir las ventanas y puertas de su alma, de su interior para que el otro vea, lea, interprete y conozca en profundidad a la persona con la cual tiene esa relación afectiva. Deben desaparecer las máscaras y enfrentar la propia realidad tal y como es y hacerla presente al otro. Debe contestar todas las preguntas, observaciones de las cuales deben estar enterados los dos. La sinceridad debe ser el telón de fondo de la relación. Se deben dar tiempo para los dos, conversando en verdadera armonía y sintonía. No es hora de reclamar, de pelear, de hacer cambiar al otro, sino escuchar los latidos más íntimos de sus corazones, mutuamente, recíprocamente. Saber quién es. Es cierto que no se puede llegar a lo profundo de las personas, pero sí lo suficiente como para que no haya engaños del uno para con el otro. Y así prepararse para la cuarta etapa.

➢ El Canjeo de Soledades.

Cada uno de la pareja con todo lo que ha recibido y percibido y conocido del otro, tiene que enfrentarse a una muy difícil decisión:

hacer opción afectiva y racional por el otro (con el corazón amando y la cabeza pensando). Intuir si con esa persona será capaz de vivir toda la vida, pero en compañía, formando un nosotros. Y aquí está lo realmente problemático y angustiante. Se ha vivido tanto, se han tenido tantas experiencias juntos, se han dado tantos besos y abrazos y tal vez han compartido lo erótico que muchas personas juzgan a la otra superficialmente y dan ese paso a la convivencia sin hacer ese discernimiento y análisis necesarios.

Si los dos tienen conciencia de que pueden acompañarse toda la vida, deben "canjear sus soledades: dame tu soledad y te acompañaré para siempre".

Si se juzga, aunque sea unilateralmente, que no se podrán acompañar mutuamente, dicho con una frase descriptiva y casi drástica, "debe partir aunque se parta el alma" que se partirá por el dolor y comprender que no hay futuro cierto para los dos. Sé que proponer esto tan doloroso es muy duro, tal vez ininteligible para muchas personas pero para los que se toman muy en serio la vida es un fundamento de un compartir para siempre en felicidad.

➤ El Amor Maduro

Superada la cuarta etapa, se puede afirmar sin temor a equivocación alguna que el amor que enlaza a las dos personas es maduro. Pueden decirse o murmurar con un susurro: "te necesito porque te amo". Sin ti estaría en una soledad insuperable e intolerable, contigo viviré la vida con ilusión, con entusiasmo porque sé que me acompañarás y formaremos un nosotros.

Y hay que dar un paso adelante: hacer un proyecto del "nosotros".

El camino desde la atracción física o enamoramiento ha sido largo y duro. Necesita una capacidad de control personal, de reflexión y saber distinguir las situaciones que pueden convertirse en problema. Un noviazgo de adolescentes no es propicio para llegar a buen puerto. La edad más apropiada para comenzar un noviazgo sería más allá de los 20 años, superada la crisis del sentido de la vida, de la apropiación de la propia vida y la personalidad ya está cristalizada. Lo demás está hasta esa edad sosteniéndose en arenas movedizas que pueden tragar a la pareja.

Muchos adolescentes preguntan ¿qué debo hacer hasta esa edad?. Vivir intensamente en grupo. Conocer a muchos jóvenes en una interrelación provechosa y fecunda. Así podrá contrastar caracteres, formas de ser, comportamientos distintos, mentalidades diversas. Así podrá elegir y seleccionar a la persona que entre todas le parezca la mejor y más madura. De hecho hay un derecho inalienable y no negociable: elegir y ser elegido. Y este derecho también lo tienen las mujeres aunque en muchas ocasiones se lo niegan ellas mismas o los demás.

Acerca de los autores

➢ Ángel Campelo Campelo

Dentro de sus motivaciones y objetivos en la vida es llegar a un sitio, ver, oír, juzgar y actuar.

Nació en San Román de los Caballeros (provincia de León-España), el 23 de octubre de 1945. Empezó sus estudios en la escuela de su pueblo y a los 13 años ingresó al Seminario de los Padres Escolapios en la provincia de Santander donde empezó el bachillerato. Cuando le comentan que "no ha vivido la vida" pues ingresó muy joven al seminario, responde que "hay muchas maneras de vivir la vida, según los intereses y motivaciones de cada uno."
Comenta nunca haberse arrepentido de haber ingresado al Seminario, porque fue con la idea muy clara de ser sacerdote y particularmente de ser escolapio calasancio.

En 1963 hizo los primeros votos de celibato y continuó sus estudios de teología y filosofía. A los 22 años se integró al colegio de una comunidad, para tener experiencia pedagógica con la comunidad y confirmar si su vocación encajaba dentro de la pedagogía calasancia y de la vida comunitaria como sacerdote.
Luego de terminar sus estudios de teología y filosofía en Salamanca continuó con los estudios de psicología y el 30 de julio de 1972 se ordenó sacerdote.

Cuando llegó a los 29 años fue nombrado rector de uno de los seminarios de los escolapios, pero tenía puestos sus ojos en trabajar en Centro o Sur américa.
Dentro de sus votos como religioso se encuentran los votos de castidad, pobreza y obediencia, así como el voto particular de educar, que lo profesan los escolapios.

Para seguir su corazón renunció al rectorado del seminario y el 14 de enero de 1979 partió a Colombia, donde trabajó en el Colegio Cooperativo Calasanz, hoy renombrado Colegio Cooperativo San José de Peralta, donde transformó una infraestructura precaria de salones en madera a un Colegio con modernas instalaciones y laboratorios para servicio de niños y jóvenes del barrio popular donde está ubicado. Allí permaneció durante 17 años.

Entre sus actividades adicionales en época de vacaciones escolares visitaba la selva del Catatumbo con el fin de compartir con los indígenas motilones y disfrutar de unos días de descanso aun cuando la tranquilidad no era completa dada la presencia de grupos armados en la región, pero al no viajar con fines políticos sino con el fin de colaborar a las comunidades podía ingresar sin mayor problema. Sin embargo no faltaron los encuentros con elementos de la guerrilla quienes algunas veces participaban de los oficios religiosos en la comunidad y asistían sin armas.

En agosto de 1995 le informaron de su traslado a Loja (Ecuador) donde llegó el 15 de enero de 1996. Similar a lo encontrado varios años atrás al llegar a Colombia, observó que la infraestructura de la Unidad Educativa San José de Calasanz, no reunía las condiciones que debe tener un plantel educativo.
De inmediato tomó cartas en el asunto y estructuró los proyectos de reconstrucción los cuales se enviaron a Madrid. Y como dice "poco a poco nos fueron colaborando". Así, Manos Unidas apoyó con la infraestructura, al igual que Obras Misionales Pontificias y el Instituto Borrel de Barcelona, una fundación Escolapia y con recursos adicionales de sus familiares.

Cuando sale de casa dice: "Señor en tu nombre y por tu nombre". Llega al colegio a la 06:30 y recibe a los alumnos en la puerta, porque considera que un rector o líder es quien debe dar la bienvenida. Así, recibe abrazos y muestras de cariño de la niñez y juventud que se educa en el plantel.

Una de sus preocupaciones es la calidad educativa y que los alumnos crezcan en valores y en ese orden de ideas lucho por certificar el Colegio, lo cual se consideraba una utopía, pero arropado por todos los profesores y el personal de apoyo La Unidad Educativa Calasanz consiguió la certificación ISO 9001. Manifiesta sentirse muy feliz de haber venido a Suramérica.

Dentro de sus 46 años de experiencia ha visto crecer a niños y niñas desde su más temprana edad, pasando por su adolescencia hasta llegar a formar familias. Durante ese caminar ha tenido la oportunidad de desarrollar programas de seguimiento por muchos años, lo cual le ha permitido unir su vocación sacerdotal con su profesión de psicólogo y recabar una gran cantidad de información tanto de vida como estadística que le ha permitido estructurar una serie de pasos sobre el vivir en felicidad. Y no conforme con ello y con el fin de afinar sus conocimientos y entregar más a la juventud, pasados sus 50 años de edad se enfocó en hacer su maestría y doctorado en Ciencias de la Educación, que terminó en el año 2002 en la Universidad Técnica Particular de Loja, (Ecuador).

Al momento de editar este libro se encuentra en Colombia en la ciudad de Bogotá aportando a la niñez, la juventud, la familia y la docencia y ahora compartiendo este mensaje escrito del cual ha decidido que los fondos que se reciban de la transmisión de este libro fuesen destinado a la Fundación Educativa Calasanz (http://www.fundecalasanz.org.co), la cual tiene entre sus objetivos apoyar a niños y jóvenes de bajos recursos económicos para que continúen su formación.

➤ Omar Pedroza

Ingeniero Mecánico de la Universidad Francisco de Paula Santander en la ciudad de Cúcuta, ciudad donde nació y trabajó como administrador del Colegio Cooperativo Calasanz, lugar donde había estudiado su bachillerato y en unión con el Padre Ángel Campelo Campelo quien en ese momento era el gerente de la cooperativa del Colegio y a su vez rector del mismo, desarrollaron un negocio de piscicultivo con el fin de ayudar a amortiguar los costos operativos del colegio dado que éste se encontraba en un barrio popular de bajos recursos económicos.

Luego se estableció en Bogotá donde se graduó como Magister en Ingeniería Mecánica en la Universidad de Los Andes y posteriormente trabajó para una de las empresas de Coca-Cola Company donde luego de tres años de observar que sus sueños de ayudar y crear compañías que ayudaran a muchas personas se había estancado pasa a trabajar a Cummins de los Andes donde participa en el desarrollo de varias unidades de negocio y lleva a la conformación de la compañía Productores de Lubricantes S.A. para comercializar la marca de Lubricantes GULF la cual era desconocida en ese momento en Colombia y se consideraba una locura llegar a competir a marcas como ESSO, Mobil, Shell, Texaco y la nacional colombiana Terpel, en contra todos esos paradigmas la compañía se logró constituir y empezar a rodar.

Luego de dejar esta compañía se enfocó en nuevos proyectos, siempre buscando constituir negocios que dieran empleo y condiciones dignas a los empleados, en ese sentido ayudó a dejar sentadas las bases de lo que pudiera ser una compañía de Gestión y Administración de Fluidos con impacto en todo Latino América.

Casado y con un hijo continúa compartiendo sus conocimientos y trabajo con todos aquellos que desean constituir su propio negocio y buscan hacer de este un mundo más equitativo y solidario.

Si deseas seguir en contacto con los autores o deseas conocer más sobre cómo empezar tu propio negocio, ya sea escribir tu libro o desarrollar tu proyecto puedes ingresar a www.omarpedroza.com.

La Felicidad en pareja

http://www.fundecalasanz.org.co

www.ingramcontent.com/pod-product-compliance
Lightning Source LLC
Chambersburg PA
CBHW031409040426
42444CB00005B/485